LA BOLA DE CRISTAL

LA BOLA DE CRISTAL

Miriam Araújo

Copyright © EDIMAT LIBROS, S. A.
C/ Primavera, 35
Polígono Industrial El Malvar
28500 Arganda del Rey
MADRID-ESPAÑA
www.edimat.es

Reservados todos los derechos. El contenido de esta obra está protegido por la Ley, que establece penas de prisión y/o multas, además de las correspondientes indemnizaciones por daños y perjuicios, para quienes reprodujeren, plagiaren, distribuyeren o comunicaren públicamente, en todo o en parte, una obra literaria, artística o científica, o su transformación, interpretación o ejecución artística fijada en cualquier tipo de soporte o comunicada a través de cualquier medio, sin la preceptiva autorización.

ISBN: 84-9764-434-4
Depósito legal: M-25099-2005

Colección: Enigmas de las ciencias ocultas
Título: La bola de cristal
Autor: Miriam Araújo
Diseño de cubierta: Juan Manuel Domínguez
Impreso en: Artes Gráficas Cofás

IMPRESO EN ESPAÑA – *PRINTED IN SPAIN*

INTRODUCCIÓN

El subconsciente es como un foso, una barrera entre nuestras mentes, cuerpos y almas. Construido encima de una vida, nos aísla de los recuerdos y de las sensaciones que merodean nuestro pasado. Pero persiste en nuestro interior creándonos espectros que nos asustan sobre nuestro futuro y, en general, nos obliga a encerrarnos de una manera tan firme en nuestro castillo corporal que ni vemos ni olemos las flores que florecen en cada momento, ahora mismo, en la otra orilla.

Los sistemas adivinatorios son herramientas para bajar el puente levadizo que separa nuestros cuerpos de nuestras almas, nuestra mente de nuestro corazón, y nos animan a que eliminemos el cenagal hediondo que ahoga nuestras almas.

La contemplación de la bola de cristal para efectuar el oráculo es posiblemente uno de los métodos más antiguos y el único que ha permanecido con el paso de los tiempos. En sí, el oráculo era un sistema empleado por los sacerdotes para hablar con los dioses y no hay civilización ni grupo étnico que no haya empleado algún método para adivinar su futuro. Hoy en día, aunque los científicos simulan despreciar estos métodos, realmente también emplean sistemas para deducir y evaluar los resultados futuros de sus experiencias. Esto se conoce como la Ley de Causa y Efecto, por la cual toda acción u omisión actual tendrá una consecuencia futura, lo que nos lleva ya a un paso de la adivinación.

PROFECÍAS

Los griegos fueron unos de los primeros que regularon y potenciaron las consultas proféticas y diseñaron las características del intermediario entre la divinidad y los humanos, la pitonisa, una mujer que podía influir en Apolo para que los designios marcados fueran favorables. Posteriormente consideradas como brujas, estas mujeres solían vivir junto a los templos y estaban protegidas incluso contra la ira de los reyes, pues no solamente vaticinaban el futuro, halagüeño o maléfico, sino que mediante sus plegarias al dios podían cambiar el futuro de los acontecimientos. Los dibujos nos las muestran sentadas sobre un trípode, con los ojos cerrados y sumidas en un trance espiritual que las llevaba a efectuar movimientos y sonidos que, en ocasiones, creaban terror entre los asistentes.

Los romanos, sin embargo, sustituyeron a la pitonisa por la sibila, una sacerdotisa que también hablaba con los dioses en las cavernas de Tibur y Cumas, y cuyas adivinanzas fueron tan numerosas que han ocupado nada menos que nueve volúmenes. Por supuesto, sus vaticinios estaban solamente a disposición de los dirigentes o personas influyentes y se guardaban en santuarios, como ocurrió con los Libros Sibilinos, desgraciadamente destruidos por un incendio en el año 83 a.C. Indudablemente, la proliferación mundial del cristianismo sirvió para apartar este tipo de profecías y considerarlas en ocasiones obra demoníaca, y sus adivinos reos de cárcel o muerte. **Desde entonces, el destino es obra de Dios y, por tanto, inescrutable y con frecuencia incomprensible, injusto y sin sentido**.

Los oráculos de más prestigio se levantaron cerca de los manantiales, aunque otros igualmente célebres estaban dentro de las cuevas o en profundas simas, en medio de amplia vegetación, gran humedad y con el susurro del viento como música de fondo. En su defecto, se instalaban dentro de los templos, pues la proximidad al dios debía facilitar los intercambios. **Uno de los oráculos más populares fue el monte Sinaí**, pues allí le reveló Yahvé los Diez Mandamientos a Moisés, aunque no fue menos importante el monte de los Olivos, el lugar preferido por Jesús para hablar con su Padre.

Pero si bien la historia está plagada de datos que nos demuestran que los adivinos eran casi siempre personas bien prestigiadas y protegidas por los gobernantes, hoy en día las cosas no han cambiado demasiado, pues existen multitud de «futurólogos» que son tremendamente populares y que ganan una fortuna con su profesión.

En la ciudad de Bel Marduk, Babilonia, también eran famosos los oráculos, lo mismo que los de Ammón, en el oasis de Siwa (Egipto), siendo uno de los más antiguos el de Heliópolis, alcanzando entre ellos gran renombre el de Delfos, y también los de Trofoneo, Epidauro y Dodona. Pero mientras los filósofos y científicos actuales desprecian cualquiera de las técnicas adivinatorias, antiguas y modernas, personas tan importantes como **Homero, Plutarco, Cicerón y Virgilio escribieron numerosas páginas hablando de sus virtudes y aciertos**.

EL ESPEJO MÁGICO

En cuanto a contemplar el futuro mirando un objeto transparente o reflectante, encontramos esencialmente tres objetos: la bola de cristal, el espejo mágico y el caldero. En ellos, el adivino veía mezcladas con las imágenes reales figuras y lugares que, debidamente interpretadas, proporcionaban suficientes datos sobre el futuro. Los espejos eran empleados habitualmente por los chinos, los asirios y los indios americanos, e incluso por los judíos (en este caso empleando metales pulidos) y por los griegos. Famosos son los métodos que habían utilizado para pulir el bronce, el estaño y el arsénico, o una mezcla de los tres, y hasta el mismísimo **Aristóteles disponía de su propio espejo mágico elaborado con vidrio**.

No menos popular fue el **espejo de Salomón**, quizá el más perfecto de todos en aquellos años, al estar elaborado con siete metales distintos y que podía reflejar con la misma perfección el presente y el futuro.

Pero ¿qué es un espejo? Esencialmente se trata de una superficie, habitualmente plana, en la que por medio de un material se produce una reflexión no dispersiva, llamada especular. Los espejos planos forman imágenes virtuales, simétricas y del mismo tamaño que el objeto. En los espejos curvos cabe distinguir el centro del espejo, el centro de curvatura, el eje principal y el foco, punto del eje en el que convergen todos los rayos reflejados o sus prolongaciones. En un espejo cóncavo la imagen puede ser real o virtual y de tamaño menor, igual o mayor que el objeto, mientras que en el espejo convexo, las imágenes son siempre virtuales, derechas y menores que el objeto.

NUESTRO FIEL SERVIDOR

Metafóricamente el espejo sirve para mostrar la vanidad, para adorarse a sí mismo, para retocar una y mil veces la apariencia del disconforme y hasta para hablar a uno mismo en busca de una respuesta que no puede llegar. Pero también puede deprimirnos si esperamos ver algo que realmente no existe, o recordarnos el paso inexorable del tiempo, lo que ha llevado a muchas personas al suicidio o la desesperación después de una simple mirada de su cara en un espejo.

Hay personas que evitan mirarse de lado en un espejo para no descubrir lo que ya intuían, y otras lo emplean para poder elegir el vestido adecuado, como si se tratase de un amigo a quien están pidiendo consejo. Y **¿quién mejor que un espejo, cruel pero sincero, para decirnos lo mal o bien que nos sienta el nuevo vestido?** Muchas personas, conscientes de esta abrumadora sinceridad, no gustan de mirarse a los espejos, especialmente al levantarse, pues antes necesitarán mil retoques a su rostro para disimular su verdadero aspecto.

De todo ello se deduce que el espejo debe mostrar la verdad y si somos hábiles mirando podemos ver nuestro futuro, pues ya sabemos que existe la ley de causa y efecto que nos avisa con escaso margen de error de lo que está por llegar. Y es que el espejo nos devuelve con absoluta precisión la imagen, fiel e implacablemente, y por eso solemos aconsejar a quien se sobrestima que se mire más detenidamente al espejo, pues lo que él piensa no es lo que realmente hay.

Sócrates, ese filósofo griego nacido en Atenas en el año 470 a.C., puso siempre un empeño intenso en moldear, cual escultor, el carácter de las personas y ayudarlas así a mostrar la verdad. Aunque no escribió nada ni profesó enseñanza oficial, es el fundador de la filosofía moral, pues con su ironía trataba de buscar la verdad, y sus expresiones preferidas eran las de «conócete a ti mismo» y «sólo sé que no sé nada». Y para lograr esto pedía a sus discípulos que se mirasen al espejo, pues era el mejor testigo mudo de los defectos del individuo. Si la persona tenía algo más en la cabeza que pelo, podía aprender a observar su carácter, sus emociones y sus miedos, pues cualquier detalle en su rostro mostraba lo que sucedía en el interior del alma.

Otro filósofo griego, de nombre Porfirio, afirmaba que el espejo es revelador de Dios, pues es Él quien en realidad nos deja contemplarnos en la pulida superficie. También hay un libro antiguo denominado *Libro Secreto de Dzyan*, que nos pide que no miremos al cielo directamente, sino a través de la imagen reflejada en un espejo, pues es el único modo de no irritar a los dioses.

CRUEL EN OCASIONES

El espejo, pues, **es mágico para quien sabe mirar en él**, y lo único que tenemos que hacer es observarnos directamente, sin usar de artificios ni tratar de engañarlo, pues no nos encontramos ante alguien a quien debamos impresionar. Aceptando la realidad, conociendo a nuestro enemigo (nosotros mismos, en este caso), pondremos los remedios pertinentes para solucionar y corregir los defectos.

Un espejo es lo mismo que una bola de cristal, pues ambos están elaborados de la misma materia y tratan de reflejar la vida. El espejo, sin embargo, no deforma la realidad, es más cruel por su fidelidad y exactitud, mientras que la curvatura de la bola nos magnifica todo, incluso lo distorsiona, permitiéndonos una visión mucho más amplia que la que proporcionan los espejos. La técnica adivinatoria que se emplea para adivinar el futuro a través del espejo se llama catoptromancia, muy poco divulgada ahora, pero que se practicó asiduamente en épocas pasadas. La bruja de *Blancanieves y los siete enanitos* tenía su propio espejo, no era muy mágico pero servía para asegurarle que era la más bella del lugar, hasta la llegada de esa niña.

La metáfora nos puede hacer sonreír, pero es tan cierta y abundante que tendríamos que meditar sobre ella. ¿Quién no se ha mirado mil veces en un espejo para retocar su rostro con maquillaje y ha sonreído finalmente cuando ha logrado la imagen que buscaba? Indudablemente, el espejo en este caso es nuestro amigo, como lo era el que poseía la bruja de *Blancanieves*, pero todos sabemos que es un amigo falso, el peor de todos, pues **nuestra verdadera imagen está debajo del maquillaje**. Nos dice lo que nosotros queremos que nos diga, pero un simple y enérgico lavado de cara nos mostrará la verdad, aunque posiblemente entonces nos apetezca destrozar el espejo por ser tan sincero.

¿Y qué podemos ver en el fondo de un espejo? No sabemos si en el Cielo hay espejos, pero hay quien asegura que mediante ellos podemos evocar a Satanás, pues la imagen duplicada en realidad nos muestra la otra vida, la que podemos ver e intuir pero no alcanzar. Curiosamente, parece ser que los espíritus y los fantasmas, además de los vampiros, no se reflejan en los espejos, asunto razonable puesto que no pertenecen a este mundo. Por eso debemos desconfiar de quienes no gustan de aproximarse bien a los espejos y de quienes casi huyen de mirarse en ellos, pues algo malo deben esconder para no querer verse reflejados.

Los supersticiosos nos aseguran que romper un espejo, y más aún, tener un espejo roto cerca, es presagio de desgracias, pues la imagen distorsionada nos trastocará nuestro destino inmediato. Si lo que reflejan está roto o alterado, posiblemente la realidad acabará siendo así en poco tiempo, por lo que se impone tirar cuanto antes ese espejo roto a la basura.

OTROS ESPEJOS NO MENOS POPULARES

Los expertos recomiendan emplear el espejo elaborado con cristal y carbón pulido, pues posee propiedades para atraer a los espíritus hasta ellos y probablemente sirva para efectuar encantamientos. La posibilidad de contemplar nuestra propia alma en uno de estos espejos es muy alta y para ello bastan unos pocos minutos. **Posiblemente logremos saber de nosotros mucho más con unos minutos de contemplación delante de un espejo, que tras largas terapias de psicoanálisis.**

Salomón, ese rey que tan sabio era, decía que la gente suele ver en un espejo solamente aquello que quiere ver, pero posiblemente ese comentario haya sido uno de los pocos erróneos que realizó en su vida. La gente emplea el espejo para ver aquello que quiere ver, cierto; pero termina viendo lo que no desea y por eso evitamos mirarnos largo tiempo seguido. Dicen que las mujeres pasan largas horas delante de un espejo y ésta es la mejor prueba de su inconformismo, pues tienen delante de sí la imagen que no desean. Por eso intentan una y otra vez modificar su cara y peinado, el maquillaje y su vestimenta, en un intento de conseguir, por fin, ver reflejada en el espejo a la persona que pretendían. Aun así, siempre efectúan una última mirada al espejo, justo cuando salen, por si acaso esa visión furtiva les descubre algo hasta entonces inadvertido. Después, su obsesión por encontrar un espejo las lleva a tener en sus bolsos uno pequeño con el que retocarse de nuevo, pero no por ello dejan de mirarse furtivamente en cualquier escaparate, espejo retrovisor, insistiendo de nuevo en los múltiples espejos del tocador del restaurante.

UN USO CORRECTO

Romper un espejo no solamente nos traerá desgracias, sino que nos pondrá en el punto de mira de los dioses, pues están consagrados a ellos y poseen la propiedad de comunicarse con nosotros mediante sus mensajes sutiles. No hablan con la voz, pero nos dicen todo lo que somos, lo bueno y lo malo, especialmente si los consultamos a la luz de la luna llena, momento en el cual podemos pedirles que nos curen de nuestras enfermedades.

Pero existe también una creencia popular que nos inclina a no mirarnos demasiado tiempo a un espejo y, aunque critiquemos el narcisismo o la vanidad de quienes pasan buena parte del día contemplándose y alabándose delante de un espejo, no sabemos qué es lo que nos impulsa a ello. Hay quien asegura que **quienes se miran mucho a los espejos terminan adorando su cuerpo y odiando su alma**, convirtiéndose en esclavos del físico y sufriendo cuando no está en su justa medida y proporción. Indudablemente es terrible llegar a esto, pero también es posible que nos roben nuestro impulso vital, por lo que al romperlos se rompe con ello parte de nuestra personalidad o nos deja desvalidos ante el infortunio futuro.

Los chamanes nos aconsejan que no entremos bruscamente en una sala llena de espejos y que lo hagamos al menos con los ojos semicerrados y en la penumbra. Poco a poco abriremos los ojos e iluminaremos la estancia, tratando de acomodarnos a la intensidad de las reflexiones. Ciertamente, nosotros nos vemos reflejados de mil maneras en una sala con múltiples espejos, por lo que aparecerán bruscamente detalladas diversas facetas de nuestra personalidad que no queríamos ver. No es fácil estar relajados en una sala llena de espejos, pues sabemos que tal como nos vemos ahora nos ven el resto de las personas.

Cuando un fotógrafo realiza una fotografía, busca siempre el mejor ángulo y el mejor punto de vista para que la persona salga favorecida, mostrando su mejor lado. Pero cuando tenemos varios espejos en la misma sala ello no es posible, y mostramos, queramos o no, lo bueno y lo malo de nosotros, especialmente los defectos físicos.

Los videntes emplean lo que denominan «espejos mágicos», aquellos que hablan sutilmente sin necesidad de palabras, y que están elaborados con cobre bruñido y totalmente liso. También los hay que prefieren el tradicional espejo elaborado con un cristal y una pintura negra en su parte posterior. En los extremos de estos espejos hay que grabar las palabras Jehová, Schaddai, Adonai y Elohim, así como magnetizarlos durante 48 días.

LA BOLA DE CRISTAL

ANTECEDENTES HISTÓRICOS

Debe ser de forma perfectamente redondeada, una esfera geométrica, pues ello representa el infinito, lo que no tiene principio ni final, arriba o abajo. Su forma nos lleva a la eternidad, en donde el concepto de espacio-tiempo no existe y podemos ver tanto el futuro, como el pasado, e indudablemente el presente, simplemente poniendo nuestros ojos en ella. Posee la idea del centro, del interior de las cosas y personas, y nos permite entrar en el alma y comprender los cuatro elementos vitales.

No sabemos las razones por las cuales la esfera ocupó durante milenios el lugar predilecto para que los adivinos efectuasen sus vaticinios, pero con seguridad fue muy anterior al empleo del caldero, pues su presencia está relacionada con diversos descubrimientos arqueológicos realizados en Egipto. Allí, en las ruinas de la antigua ciudad de Antinoópolis, se han encontrado algunas muestras, justo en los lugares destinados al culto a los dioses y lo que podíamos denominar como enfermería.

Después su uso siguió generalizándose y ampliándose en la medida en que se realizó de vidrio. Entonces ya no era una pieza de metal largamente pulido, sino un elemento duro y generalmente traslúcido o transparente que resultaba de la solidificación de la mezcla fundida de arenas silíceas, cal y carbonato de sodio o de potasio, las cuales tienen una función vitrificante, fundente y estabilizante, respectivamente.

A partir de un material de base similar, según los aditivos que se empleasen o el proceso de fabricación, se obtenían diferentes bolas en tamaño y colores, y la de mayor consistencia era la que se fabricaba de vidrio.

Tan grande fue la popularidad alcanzada por este artilugio que el mismísimo Pitágoras estaba convencido de que el pensamiento de las personas se reflejaba en ellas y para ello la solía poner en su ventana durante las noches de luna llena con el fin, aseguraba, de que se cargara de energía positiva. Por el día también procuraba que los rayos del sol incidieran en ella, pues así conseguía que se purificase en su parte más interna, evitando su enranciamiento.

Este gran filósofo y matemático que había nacido en Samos, en el año 570 a.C., comenzó sus estudios de geometría y astronomía en Egipto, al mismo tiempo que se familiarizó con los conocimientos esotéricos. Se le atribuye haber estado en contacto con los «magos» caldeos en un supuesto viaje a Babilonia en el año 525 a.C., y se estableció finalmente en Crotona, donde fundó su famosa comunidad. Con el tiempo, esta comunidad pitagórica se convirtió en fuerza política, lo que despertó los recelos de los demócratas de Crotona, que lo invitaron a marcharse bajo amenaza de encarcelamiento.

El objetivo principal de la doctrina pitagórica era la purificación y el perfeccionamiento del alma, un sistema al que denominaba metempsicosis, y que se podía lograr a través de un método basado en el cultivo de la filosofía. Este sistema era simple, pues solamente requería el «amor al saber», denominación esta cuya paternidad atribuye la tradición precisamente a Pitágoras. Su método se hizo luego más amplio y complejo, y enseñó a conocer el mundo como armonía (cosmos), sometido a un orden en cierto modo similar a la armonía musical. Fue uno de los primeros en decir que el orden armónico del macrocosmos se correspondía fielmente con el del hombre, entendido como microcosmos, con el alma como armonía del cuerpo.

ALQUIMIA

También fue empleada la bola de cristal por los alquimistas, personas que ejercían un tipo de ciencia precursora de la química moderna que alcanzó gran popularidad en la Edad Media. Lo que se pretendía era, simplemente, mediante la aplicación de métodos experimentales, intentar conseguir la transformación de las sustancias, fueran metales, vegetales o animales. El ideal del alquimista no era nuevo, pues pretendía lograr la unidad del hombre con el cosmos, y su objeto esencial era conseguir la piedra filosofal. Con el paso del tiempo, sin embargo, el alquimista se hizo más material y menos filosófico e intentó conseguir la transmutación de los metales groseros, en especial el plomo, en oro puro, pues con ello estaban seguros de encontrar el remedio para todos los males.

Para conseguirlo elaboraron un complejo procedimiento que consistía en doce operaciones seguidas: calcinación, congelación, fijación, disolución, digestión, diferenciación, sublimación, separación, incineración, fermentación, multiplicación y proyección. Nadie sabe cómo se llegó hasta ese complejo sistema de elaboración, especialmente porque nadie consiguió nunca su objetivo mayor: la transformación del plomo en oro.

Pero con la alquimia también pretendían conseguir otro de los sueños del ser humano, el elixir de larga vida con el cual recuperar la juventud y alcanzar la inmortalidad. Aunque ahora sabemos que no lo consiguieron, los alquimistas aportaron una notable labor experimental que permitió el desarrollo de la química como ciencia: idearon numerosos aparatos de laboratorio (alambiques, morteros, crisoles, filtros...), diversos procesos y técnicas (destilación, calcinación, filtrado, sublimación...), y utilizaron numerosos elementos y compuestos, a los que reconocían con signos precursores de los actuales símbolos químicos.

Ciertamente fue un sistema o técnica que perduró muchos años y los primeros datos nos llevan hasta Grecia hacia el siglo III a.C., aunque el tratado más antiguo se debe a Zósimo de Alejandría. Paralelamente se desarrolló en China, con grandes connotaciones taoístas, cuya obra más importante es el *Bao Puzi*. Los árabes impulsaron de forma notable esta técnica de investigación, con nombres como Geber (con su obra *Summa Perfectionis*), mientras que Avicena y Averroes transmitieron sus conocimientos a Europa, principalmente a través de España. De todas aquellas experiencias destacan los siguientes autores y obras: San Alberto Magno (*De Alchimia*), Roger Bacon (*Speculum alchimie*), Agricola (*Re Metallica*), Ramon Llull, Arnaldo de Vilanova, Norton y Valentin, entre otros. Con Paracelso, en el siglo XVI, se inició un modesto cambio denominado como la iatroquímica, hasta que Boyle, en el siglo XVII, y Lavoisier, años más tarde, establecieron las bases de la química como ciencia.

Otros alquimistas famosos

Aristóteles

Este hombre, nacido en Estagira en el año 384 a.C., trabajó en la Academia de Platón, primero como discípulo y luego como investigador y tutor. En Lesbos compuso la *Oda a la virtud*, en memoria de Hermias y por la que veinte años después sus enemigos intentaron procesarlo por impiedad, y más tarde aceptó de Filipo II de Macedonia el cargo de preceptor de Alejandro (de 13 años). En Atenas fundó el Liceo, mientras seguía sus investigaciones y análisis de datos, correspondientes a los más diversos campos (arte dramático, constituciones políticas, deportes olímpicos, zoología), y elaboraba una veintena de obras. Cuando murió, sus obras, escondidas en una bodega para protegerlas de los proveedores de Pérgamo, fueron descubiertas por azar, ordenadas y editadas por Andrónico de Rodas.

Aristóteles aporta siempre originales observaciones; algunas, incluso, no confirmadas hasta el siglo XIX. Describió unas 400 especies, distinguió entre animales vertebrados e invertebrados; clasificó a los murciélagos como mamíferos; describió la vida social de las abejas; distinguió entre insectos dípteros e himenópteros, y entre rocas y minerales. Analizó también los regímenes políticos, los géneros literarios, los modos de razonar, e incluso sobre el lenguaje y los abusos del habla, planteándose sobre todo las grandes cuestiones de fondo, como la estructura de la materia, la organización de la vida, el poder del espíritu, la libertad del hombre y la trascendencia misma de la divinidad y su misterio. Todo ello le llevó, por supuesto, a investigar sobre la piedra filosofal, la alquimia y la adivinación, y realizó numerosas prácticas con la bola de cristal.

Alejandro Magno

Nacido en Pela, Babilonia, en el año 356 a.C., tuvo como preceptor a Aristóteles, de quien heredó su afición a la adivinación y la alquimia. Al acceder al trono se hizo nombrar estratega de los helenos y ordenó destruir Tebas, sometió a los pueblos bárbaros y emprendió la conquista del imperio persa. En el curso de su campaña se apoderó de Tiro, Gaza y Jerusalén, y entró en Egipto, donde fundó Alejandría; se adentró en Persia en el año 331 a.C. y tomó posesión de Babilonia, Susa y Ecbatana. Adoptó el ceremonial y las concepciones teocráticas persas, entre ellas la divinización del monarca, en oposición a los principios de la democracia griega, lo que le llevó a la sublevación de sus generales y a las críticas religiosas, **especialmente por emplear la bola de cristal con fines adivinatorios para descubrir cosas ocultas.**

Murió a los 33 años y a su muerte el inmenso imperio no tardó en desmembrarse tras las continuas guerras civiles que se entablaron entre los diadocos y los epígonos, fundadores de las monarquías helenísticas.

Lucio Apuleyo

Nacido en Madaure, Cartago, en el año 125, este pensador, escritor y orador latino estudió el pensamiento de Platón en Atenas y se interesó por la ciencia y por los misterios religiosos greco-orientales. De su obra se han conservado su *Apología*, donde se defiende de unas acusaciones de magia negra por las cuales estuvo a punto de ser ajusticiado, *Floridas*, con fragmentos de sus más brillantes discursos; y, sobre todo, la novela histórica *Las metamorfosis* o *El asno de oro*. También escribió obras científicas y filosóficas de calidad desigual.

H. Cornelius Agripa de Nettesheim

Este médico, filósofo y cabalista alemán, nacido en Colonia en el año 1486, fue historiógrafo de Carlos I de España y defensor de una teoría que concebía el mundo como un todo orgánico vivo dentro de un espíritu universal. Más tarde, sin embargo, abandonó sus teorías y reafirmó todo cuanto estaba escrito en la Biblia, criticando la vanidad del saber. Escribió *De Oculta Philosophia* y *La incertidumbre y la vanidad de las ciencias*, en las que describió no solamente sus conclusiones sobre el ocultismo y la adivinación, sino la postura adoptada por los políticos y la Iglesia, que ocasionó el encarcelamiento, cuando no la muerte, de numerosas personas. Acusadas de tener pactos con el diablo y de poseer poderes que les permitían ocasionar desgracias diversas, se las sometió a numerosos procesos jurídicos tan importantes como los que efectuó la Inquisición. Privadas de todos sus bienes y derechos, estas personas no tenían escapatoria posible, pues si se confesaban culpables tenían que ser ajusticiadas, pero si pretendían justificarse y reclamaban su absoluta inocencia, su negativa a reconocer sus pecados las llevaba igualmente a la horca. Incluso poseer un simple espejo era una prueba inequívoca de que podían llegar a una nueva dimensión, cercana al infierno, lo mismo que la bola de cristal, el modo más perfecto de efectuar los maleficios que conducirían a la desgracia ajena.

En esos años de dominio religioso ni siquiera los propios creyentes o representantes eclesiásticos se vieron libres de la tortura y muerte, pues tenemos el ejemplo del obispo de Verona, quien en el año 1600 fue llevado a la hoguera por tener escrito en un ángulo de un simple espejo la palabra «flor». Seguramente alguien debió entender que éste era un nuevo seudónimo del demonio, por lo que fue acusado formalmente de prácticas satánicas por un tal Martín de la Escala, un creyente que no se perdía una de las misas del obispo.

John Dee

Este doctor dedicó parte de su vida al estudio de la astrología y la piedra filosofal, así como a la interpretación del Cábala, siempre bajo el protectorado de la reina Isabel I. La

Cábala forma parte de la tradición del pueblo judío y se trata de las enseñanzas transmitidas oralmente, de generación en generación, casi como una enseñanza secreta sobre los misterios de las divinidades. Estas enseñanzas se efectuaban mediante la oración, la meditación y los actos piadosos, y con la parte puramente teórica o especulativa a través de largas conversaciones intentaban llegar a conclusiones certeras.

Después llegó la Cábala cristiana, entre los siglos XV y XVIII, pues estaban seguros de que el cristianismo como doctrina respondía a los requerimientos de la Cábala tradicional. Según ellos, esta filosofía demostraba la divinidad de Jesús, mientras que la sefirá judía confirmaba el misterio de la Santísima Trinidad.

Posiblemente fue mediante la Cábala como se desarrolló la numerología y otras ciencias esotéricas de adivinación, pues todas parecían confirmar la veracidad de la doctrina cristiana. Su declinar comenzó en el siglo XVIII, pues no se encontraron suficientes lazos de unión entre el cristianismo y el judaísmo.

Dee también **estaba convencido de que la piedra filosofal y la bola de cristal eran una misma cosa**, pues el cristal de roca no era otra cosa que hielo convertido en materia sólida mediante un cambio natural. Protegido por Guillermo Orsini de Rosemberg, dedicó largos años a predecir el futuro de la corte mediante su estudio de la bola de cristal, aunque sus enemigos decían que también la empleaba para llamar y conjurar a los demonios y otros espíritus maléficos. Como resultado de estas habladurías, alguien provocó un incendio en su laboratorio de alquimia, fácilmente inflamable por las sustancias que allí existían. Posiblemente ello lo libró de ser condenado días después a la hoguera acusado, finalmente, de brujería y nigromancia. Solamente se salvó su objeto de culto, la bola de cristal, conservada ahora en el Museo Británico de Londres.

LOS PREPARATIVOS Y CEREMONIALES

Hay que tener en cuenta que la posibilidad de leer el futuro en la bola de cristal depende, no tanto de las calidades de dicha bola, como de nuestras facultades como clarividentes. Se dice que una persona posee esta condición cuando trata de captar unos objetivos que ni ella ni ninguna otra persona conocen, y obtiene resultados superiores a los que normalmente se consideran fruto del azar. Ahora bien, si alguien conoce estos objetivos posteriormente, los mismos resultados podrían interpretarse como producto de la telepatía.

Por clarividencia entendemos, también, ver claro y ver o predecir algo que los demás no pueden ver ni saber, y para ello podemos emplear cualquier sistema u objeto, incluida la bola de cristal.

En su interior deberemos observar una sustancia luminosa y estrellada parecida al éter, denominada astral, que es una forma de materia superior a la que compone el mundo físico. En esta sustancia se reflejan las partes correspondientes de la materia física, ya que el mundo astral impregna y penetra en el mundo físico mediante los siete planos de la naturaleza: físico, astral, mental, búdico, nirvánico, paranirvánico y mahaparanirvánico.

Lo primero, obviamente, es encontrar una bola de cristal correcta, pues no son muchos los comercios que la venden. El tamaño debería ser de al menos 20 cm de diámetro, aunque hay quien prefiere mayores medidas. Tamaños pequeños, menos de 7 cm, no proporcionan buenos resultados y tampoco se consideran adecuados para consultas abiertas al público. El cristal debe estar correctamente pulido, sin aberturas, imperfecciones ni sombras en el interior, preferentemente de cristal de roca (cuarzo), aunque son bastante caras.

Cuando miremos a ella no deben existir deformaciones de la imagen, salvo las propias de la amplitud similar a un gigantesco ojo de pez en fotografía. Esta visión de 360º nos permitirá visualizar varias imágenes al mismo tiempo, con bastante claridad si se le ha añadido mayor porcentaje de plomo para darle más transparencia. De todas maneras, si tenemos que elegir entre una bola de cristal normal grande y una pequeña de cuarzo imperfecto, deberíamos escoger esta última, pues las posibilidades son mucho mejores.

Después deberemos situarla en un soporte adecuado, bien sea de madera o metal, aunque los más tradicionales siguen empleando un gran almohadón de seda negra. Es importante que esta bola no sea tocada por personas distintas y que seamos nosotros los únicos que la manipulemos, pues debe cargarse de nuestra propia aura y energía. En especial, resultan muy afectadas por el sudor ajeno y por las personas agresivas o incrédulas, que pueden contaminarla hasta tal punto que la hagan ineficaz.

LA PERSONALIZACIÓN

Indudablemente, una bola que haya pertenecido a un prestigiado mago o vidente, o alguna reliquia encontrada en un baúl escondido en un desván, pueden proporcionarnos resultados increíbles e imprevistos, pues en ella se habrán acumulado las energías de personas muy cualificadas esotéricamente. Si la compramos nueva, deberemos personalizarla mediante el proceso de magnetización y poder adecuado. Cuando esto finalice tendremos una bola de cristal en la cual solamente nosotros podremos ver el pasado, presente y futuro, o, en otro caso, una persona en la cual hayamos delegado nuestro poder.

Desde ese momento la bola debe ser nuestro fiel amigo y aliado, casi como un criado fiel o un espejo mágico que nos responde a todas nuestras preguntas. Nuestra mente debe fundirse con ella y por ello llegará un momento en el cual tengamos una confianza absoluta en sus propiedades, aunque en ocasiones será mejor dejar el proceso a causa de su negativa a proporcionarnos datos.

Es importante también que el lugar elegido sea ligeramente sombrío, pues se comporta como un espejo y refleja cualquier luz ambiental, lo que puede ocasionar distorsiones en las imágenes.

Éste es el proceso a seguir con una bola de cristal nueva:

1. Consiga un trapo negro (Lamen), el cual deberá evitar lavar para que no pierda cualidades. Puesto que la manipulación ajena lo puede estropear e impregnar con olores y sudores, es imprescindible que nadie lo toque, para que lo podamos conservar varios años. Si se estropea o se raya habrá que comprar uno nuevo y personalizarlo otra vez.
Esta tela deberá tener grabados los nombres sagrados: Shaddai (aire), Adonai (tierra), Elohim (agua) y Jehová (fuego).
2. Aunque tradicionalmente se empleaba una mesita muy baja, de tres patas, con los participantes y vidente sentados sobre almohadones situados en el

suelo, ahora se prefiere algo más de comodidad, con sillas y mesa redonda normales, pues las sesiones son en ocasiones muy largas y con gran tensión emocional.
3. Durante veintiocho días lunares deberá efectuar un ritual adecuado que nos permitirá establecer una sintonía entre nosotros y la bola, algo así como ciertas vibraciones, cuatro en total.

CONSEJOS SOBRE LA ELECCIÓN DEL MATERIAL ADECUADO

1. La bola de cristal no es necesario que sea traslúcida, pero al menos no debe contener en su interior sombras o defectos de refracción.
2. El paño negro deberá ser invariablemente de satén o seda negro y deberá tener grabados en dorado los nombres sagrados haciendo un círculo.
3. Estará puesta encima de un almohadón elaborado con satén negro opaco, pues hay que evitar que envíe reflejos a la bola. Hay quien lo utiliza de color rojo para situaciones especiales, pero esto solamente es recomendable para los expertos.
4. La mesita de apoyo será de tres patas y redonda.
5. Las velas siempre de cera virgen de abeja y del color adecuado para cada ceremonia.
   La roja nos servirá para consultas sobre amor, pasiones, negocios y juegos de fortuna.
   La vela blanca es adecuada para cuando busquemos la reconciliación con un amor, para pedir consejo de algún viaje previsto o cuando queramos enviar un mensaje telepático, o por medio de un espíritu, a otra persona lejana.

Una vela de color verde nos acerca a situaciones de placer con los amigos y la familia.

Si deseamos saber cuestiones relacionadas con la salud elegiremos la vela de color azul, válida también para buscar premios o reconocimiento a nuestro trabajo.

El color violeta nos acerca a cuestiones místicas y religiosas, por lo que es el correcto para comunicarnos con los espíritus.

La vela dorada apenas es empleada en la actualidad, pero cuando deseemos mayor fuerza externa para conseguir el éxito en alguna empresa que estemos comenzando o un trabajo, quizá nos sea muy útil.

Por último, deberemos poner una vela negra cuando queramos lograr la paz de espíritu necesaria para ser felices.

PURIFICACIÓN

Gran nombre: Elohim
Elemento: agua
Espíritu elemental: ondinas

ELOHIM

Se describe en la cábala como aquellas potestades creadoras que plasman los pensamientos del Supremo Hacedor, denominado de diferentes maneras. Los cristianos no se refieren directamente a Dios, sino al Verbo, mientras que los hebreos consideran que existen diez elohimes que se corresponden con diez cefirotes.

AGUA

Es uno de los cuatro elementos vitales de la naturaleza, junto con el aire, el fuego y la tierra, considerado por los científicos como el origen de todas las cosas. Es también fuente de vida, purificadora y regeneradora, así como símbolo de fertilidad, pureza, sabiduría, gracia y virtud. Para los naturistas el agua es el mejor de los medicamentos y para los cristianos simboliza la creación y constituye la esencia de la vida espiritual y el mejor método para entrar en la comunión cristiana.

Los musulmanes hablan del agua bendita procedente del cielo y de la necesidad de lavarse antes con agua para purificarse lo suficiente antes de orar. En resumen, para la mayoría de las personas el agua es el elemento de vida, pues es el origen, la genera y la conserva, mientras que en todas las religiones se considera el elemento más importante.

ONDINAS

Es un espíritu que vive en el agua, casi como un pez o una sirena, aunque está poseído por un ente maligno que consigue atraer a las personas hacia sus dominios, las profundidades del mar o el río, para provocar su muerte. Se trata también de un espíritu comparable a otros, como las sílfides que viven en el aire, las salamandras de tierra y los gnomos de los bosques.

PROCEDIMIENTO BÁSICO

Obviamente, primero tendremos que purificarnos nosotros mismos y para ello hay que realizar al levantarnos un completo lavado de todo el cuerpo empleando solamente agua tibia, lentamente, mientras dirigimos nuestros pensamientos al dios de nuestras creencias. Después tendremos que hacer unos sencillos actos de relajación, simplemente sentándonos en una silla, en silencio, solos, con el cuerpo bien colocado, los hombros hacia atrás y las manos suavemente apoyadas en las rodillas. Previamente tendremos que haber puesto la habitación en penumbra y la iluminaremos con una vela azul que situaremos detrás, en una mesa redonda. Allí pondremos la bola de cristal cubierta por el Lamen.

Una vez relajados comenzaremos el ritual de purificación de la bola y para ello quemaremos unas hojas de olivo en un pequeño brasero, al que añadiremos algo de incienso y mirra, aunque estos últimos ingredientes los podremos realizar con varillas aromáticas.

Cuando la habitación esté ya impregnada por los aromas es el momento de recitar una oración en la cual invoquemos a que acudan los espíritus del agua, las ondinas. Aunque existen algunas oraciones clásicas, el practicante puede emplear las suyas propias, pero pidiendo que mande el agua purificadora.

Después, y siempre lentamente, apagaremos la vela y salpicaremos con un poco de agua las cuatro esquinas de la habitación, así como la esfera.

Este ritual se practicará diariamente durante una semana, mejor coincidiendo con la luna llena, después de la medianoche, evitando consumir alcohol, té, café y carne de mamíferos, durante estos días.

Otros elementos:

Agua del rocío

El agua fue empleada por San Juan para bautizar a los nuevos creyentes y Jesús la instituyó como parte de su doctrina. También fue empleada por Dios en el diluvio universal para castigar la maldad de los humanos, y por Prometeo, el primo hermano de Zeus y creador del Hombre, para oponerse al castigo de Zeus. Por eso no debe extrañarnos que forme parte esencial de cualquier ritual de purificación, aunque en este caso hablamos del agua de la mañana, el rocío que ha sido bañado primero por los rayos lunares y posteriormente por los solares, hasta su rápida desaparición. Esta agua es, pues, sumamente apreciada por lo efímero de su existencia y es empleada para la elaboración de las Flores de Bach. Antiguamente era también el agua bendita, el agua sin contaminar que era bendecida, mientras que el nombre de agua lustral era el líquido que se empleaba para los conjuros, salpicando las habitaciones o la ropa de las personas que querían sus beneficios. Los sacerdotes actuales conservan este rito ancestral cuando emplean esa pequeña bola con mango llamada hisopo, con la cual bendicen a sus fieles, aunque también se emplea para bendecir casas u objetos.

Nosotros deberemos recoger esa agua de rocío (o en su defecto el agua de lluvia) en un recipiente de cristal y salpicar el lugar en el cual vamos a trabajar con la bola de cristal, al mismo tiempo que encendemos unas barritas de incienso y ponemos una vela negra en el centro de la habitación. También sería conveniente hacerlo por aquellas dependencias que vayan a ser de tránsito, como los pasillos, y recitar alguna oración que invoque protección divina. Esta operación se repetirá tres veces coincidiendo con la luna nueva, durante tres meses.

CONJURO

Gran nombre: Jehová
Elemento: fuego
Espíritu elemental: salamandras

JEHOVÁ

El nombre es una deformación de Yahvé, Dios, aunque los judíos preferían nombrarlo como Adonai. Este nombre se encuentra en las historias bíblicas de los patriarcas y significa «Él es y será», o también «Él llega a ser/crea» y «Él hace caer». Hay también un error cuando se afirma que los hebreos no podían pronunciar el nombre de Yahvé o Dios directamente (algo que queda reflejado en el segundo mandamiento), pues en realidad lo que no debían pronunciar eran las siglas YHWH, Tetragrámaton, pues era una afrenta a Dios y la debían sustituir por Adonai (Señor).

FUEGO

Simboliza al Sol y su acción fecundante e iluminadora de todos los seres vivos. Suele ir unido a otras divinidades, como Indra o dios de los guerreros, que posee la tempestad, el fuego y el rayo; a Agni, el hijo del Cielo y la Tierra, que hace de intermediario entre la divinidad y los humanos, así como a Surya, que cuida de las almas y los elementos.

El fuego es un elemento de iluminación física e interior y en casi todas las culturas se lo emplea como un símbolo divino, aunque paradójicamente también se lo relaciona con el Diablo. Vulcano y Hefestos eran dioses del fuego, mientras que el Dios de los judíos empleaba el fuego como castigo o para señalar su presencia, como ocurrió con Moisés y el decálogo.

Para la mayoría, el fuego es la energía y la muerte, la vitalidad, la pasión y la exuberancia, la impetuosidad y el amor sexual.

SALAMANDRAS

A este lagarto, perseguido por unos y venerado por otros, aunque protegido por las leyes ecologistas, se lo relacionaba con el azufre incombustible, hasta llegar a creer que podía vivir en el fuego. La cábala lo considera un espíritu elemental, compuesto de las partes más sutiles del fuego, del cual se alimenta.

PROCEDIMIENTO BÁSICO

Básicamente hay que seguir las recomendaciones anteriores y el número de días a realizarlo, evitando comer carne. Situada a nuestras espaldas pondremos una vela roja, mientras que encima de la mesa situaremos la bola de cristal tapada con el Lamen y rodeada por cuatro velas blancas.

Se realiza entonces la invocación a Jehová, con palabras que hablen de su capacidad para destruir el mal, alimentar a las personas y protegerlas, así como repitiendo su inmortalidad. Esta plegaria la efectuaremos cuatro veces y cada vez apagaremos una de las velas blancas empleando solamente el pulgar y el índice de la mano derecha.

Si lo hacemos correctamente, estaremos protegidos contra las malas influencias externas.

Elementos de ayuda:

Incienso

Perteneciente a la familia de angiospermas arquiclamídeas, y con gran cantidad de resinas, crece en regiones tropicales e incluye especies como la mirra y los almácigos, nombre común de varios árboles cuyo fruto sirve de alimento a los cerdos. Sus resinas se utilizan como medicamentos y barnices, y se obtienen practicando incisiones en el tronco de los arbustos de la especie *Boswellia carteri*, que crece en zonas pedregosas del sur de la península arábiga.

El incienso es una mezcla de sustancias resinosas que al arder despide buen olor y se emplea como perfume en las ceremonias religiosas por el olor aromático que exhala. Es un poderoso purificador astral y se emplea igualmente para perfumar los ambientes en donde existen cadáveres.

Mirra

La mirra es un árbol de hojas compuestas y flores pentámeras que crece en las regiones montañosas de Arabia y de Abisinia; la madera contiene canales resiníferos que producen una gomorresina muy aromática. La especie *Commiphora abissinica*, tacamaca o tacamacha, es un árbol que alcanza una altura de 10 a 20 m, de hojas imparipinadas con foliolos oblicuos y flores de color amarillo verdoso reunidas en inflorescencias. El fruto es una drupa y crece en la zona septentrional de Sudamérica.

Se la relaciona con el poder y el honor, y por ello fue otorgada al niño Jesús por los Reyes Magos, pues lo consideraban como un enviado divino a quien había que rendir culto. Es también un ungüento que se emplea para curar heridas y llagas, mejorar la voluntad, potenciar el amor propio y controlar las pasiones terrenales a favor de las espirituales.

Sándalo

Es el nombre de varias especies de árboles productores de maderas duras y compactas. El sándalo rojo se obtiene del *Pterocarpus santalinus* que crece en regiones tropicales de Asia, aunque otros sándalos pertenecen a familias botánicas distintas.

Podemos cultivarlo en macetas y cuidarlo tal como hacemos con la hierbabuena, procurando que sea sándalo blanco, el cual utilizaremos junto al incienso y la mirra en el proceso de purificación. Con ellos conseguiremos éxito en los negocios y en nuestras relaciones sentimentales.

Verbena

Brota en el verano mediante largos tallos cuadrados y tiene hojas lobuladas, enfrentadas. Las flores salen entre abril y octubre, son de color azul, tienen cinco pétalos y cuatro semillas alargadas. Crece al margen de los caminos, en terrenos baldíos.

Planta de uso muy popular, especialmente como sedante suave; favorece la digestión al estimular la liberación de enzimas y el peristaltismo, alivia la congestión del hígado, estimula la liberación de bilis y ayuda a eliminar los cálculos biliares y renales. Tiene buenas propiedades para disminuir las taquicardias y palpitaciones de origen cardíaco, alivia las migrañas, las neuralgias y favorece la eliminación de orina.

Externamente se emplea en gargarismos para aliviar la faringitis y en cataplasmas contra las torceduras, reumatismo y dolores de costado, así como para la ciática.

La tradición popular la considera como una hierba santa y la emplea para estimular las contracciones uterinas antes del parto, también como afrodisíaco femenino y para alejar los malos espíritus. También servía para aplacar la ira de los dioses por nuestros pecados, y frotándola en la piel ayuda a conseguir nuestros deseos, reconciliarnos con las personas y dar alegría. Es empleada por los magos para sus rituales y para mejorar la proyección astral en las comunicaciones e invocaciones con los espíritus. Si la agarramos fuertemente entre las manos y recitamos una plegaria, visualizando nuestros deseos, conseguiremos que se realicen en poco tiempo.

Sal marina sin refinar

De ser considerado como uno de los alimentos básicos para la salud humana y utilizarse como pago de los servicios prestados (el salario), ha pasado ha constituir el enemigo público número uno, al que siguen las calorías y las grasas. Ya nadie se acuerda de aquellas épocas en que los soldados partían a las guerras con su ración de sal. Sus efectos curativos han quedado tapados y en su lugar se dice que produce un sinfín de enfermedades, e incluso los naturistas abogan por una supresión de la sal de cocina, aduciendo que con los alimentos ingerimos suficiente sal.

En su origen, la sal extraída del mar contiene cloruro sódico, magnesio, yodo, oro, cobre, níquel y cobalto. Esto la convierte en un alimento precioso y hasta cierto punto imprescindible para la alimentación humana, siempre y cuando la tomemos sin refinar, pura. Al agua de mar cada vez se la empieza a considerar como un sustituto de la sangre artificial y en la sal marina están incluidas la mayoría de las virtudes y compuestos del agua. El llamado Plasma Quinton, cuyas características similitudes con nuestra sangre son notorias, es una mezcla de agua de mar y manantial. Con ella se han podido salvar ya muchas vidas, quizá con bastante menos riesgo que administrando transfusiones de sangre.

La sal marina se comporta como un organismo vivo, similar a la arcilla, y es capaz de atraer sustancias cargadas de radiaciones negativas y eliminarlas a continuación por los canales normales. A una persona débil, enfermiza o con anorexia rebelde debería administrársele sal marina, antes de probar con otras soluciones químicas.

Como ritual se emplea en el bautismo y otras ceremonias para que los niños crezcan vigorosos, y no hay civilización ni cultura que no haya considerado a la sal como un elemento casi divino. Hay quien considera de mal presagio derramar involuntariamente un salero en la mesa, pero también se emplea para ahuyentar el mal de ojo de los hogares.

MAGNETIZACIÓN

Gran nombre: Schaddai
Elemento: aire
Espíritu elemental: sílfides

SCHADDAI

Se trata de un espíritu cuyo aliento da la vida, aunque también la puede quitar como hacen los malvados trolls. Es un ser de fuerza y sabiduría que habita igualmente en el cielo y en los mares, en el viento y en la tierra, y cuyo soplo divino puede inducirnos al amor y a la videncia.

AIRE

Activo y masculino, este elemento puede proceder del fuego, aunque también lo puede apagar o avivar. Es un espíritu vital, dador de vida y motor de todo, unido invariablemente al viento y que proporciona también inteligencia e imaginación, desinterés por lo material y espíritu crítico. Simboliza también el estrato inferior del plano astral, la zona mental donde se producen las alucinaciones, las ilusiones y las desconexiones con el mundo real.

Como resultante de la unión entre el calor y la humedad, utilizándolo hábilmente se puede predecir los acontecimientos.

SÍLFIDES

Se trata de espíritus demoníacos que dominan el aire, pero también se pueden comportar como seres de luz, llenos de sabiduría y cuyo soplo proporciona la forma a las cosas.

Procedimiento básico

Una vez finalizadas las dos semanas anteriores, es cuando podemos comenzar a magnetizar la bola de cristal. Los preliminares son similares a los anteriores, pero ahora antes de comenzar sería conveniente que paseásemos por un bosque u orilla del mar, aunque en su defecto nos puede servir un parque no muy transitado. Eso nos mejorará nuestra capacidad pulmonar y nos dará mayor fuerza magnética.

Podemos efectuar como complemento ejercicios de respiración similares a los que se efectúan en el yoga, aunque cualquier otro sistema que nos permita expulsar fuertemente el aire inspirado también nos servirá. El método estará más completo si nos tapamos, alternativamente, uno de los orificios de la nariz. Más que retener el aire lo importante es expulsarlo completamente, permitiendo que entre la mayor cantidad de aire nuevo en los pulmones.

ALGUNOS EJERCICIOS PRÁCTICOS DE RESPIRACIÓN

Uno

1. Sentados en el suelo, la columna recta y las piernas replegadas sobre sí mismas.

2. Nos tapamos el orificio izquierdo e inhalamos profundamente con el derecho.
3. Nos tapamos ahora el derecho y expulsamos el aire por la izquierda.
4. Tomamos nuevamente aire por el mismo lado izquierdo.
5. Nos tapamos ese lado izquierdo y expulsamos el aire por el derecho.

Dos

1. Sentados en el suelo con la espalda erguida y las piernas recogidas.
2. Ponemos el abdomen en contracción, mientras inhalamos el aire hacia las zonas costal y clavicular.
3. Nos tapamos ambos orificios de la nariz y retenemos el aire un tiempo cuatro veces superior a la inhalación.
4. Expulsamos el aire por ambos orificios durante un período doble a cuando inspiramos.

Tres

1. Tumbados boca arriba, respiramos solamente con el abdomen, sin mover el pecho.
2. Respiramos ahora sólo con el pecho. Ponemos la mano en el abdomen para impedir que se mueva.
3. Extendemos los brazos a lo largo de los costados y espiramos. Sin tomar aire, presionamos en el tórax y simultáneamente hinchamos el vientre.
4. Respiramos ahora alternativamente con el abdomen y el pecho.

RESPIRACIÓN DEPURATIVA

1. En pie, piernas separadas y manos en la espalda. Inspiramos profundamente y retenemos el aire el doble del tiempo.
2. Expulsamos el aire como si tratásemos de apagar una cerilla, sin hinchar los carrillos, y tratando de sacar totalmente el aire de los pulmones.
3. Cuando creamos que ya no nos queda más aire y antes de inspirar, sacaremos todavía el aire residual mediante una fuerte contractura abdominal.

RESPIRACIÓN ENERGÉTICA

1. En pie, piernas separadas y brazos sueltos a lo largo del cuerpo.
2. Inspiramos profundamente y retenemos el aire.
3. Elevamos los brazos hacia el frente hasta que lleguen a la horizontal.
4. Cerramos las manos con fuerza y después todo el brazo con una fuerte tensión, mientras los doblamos a la altura de las clavículas.
5. Sin aflojar la tensión los extendemos al frente de nuevo como si empujáramos una pared invisible.
6. Los retraemos con la misma tensión y los ponemos a los costados.
7. Soltamos el aire con fuerza.
8. Descansamos y respiramos con normalidad.

Una vez que hayamos conseguido el potencial que necesitábamos, pondremos la habitación totalmente a oscuras. A nuestras espaldas situaremos ahora una vela negra, cubriremos la bola con el Lamen, y nos concentraremos en la llama hasta conseguir vaciar nuestra mente de cualquier pensamiento. En ese momento es cuando podemos realizar alguna plegaria dirigida al espíritu para que nos proporcione fuerza y sabiduría. Le pediremos que nos inunde con su aliento de vida y de amor y que nos facilite la videncia. Esta oración la efectuaremos mientras con nuestra mano derecha realizamos pases circulares encima de la bola en sentido de las agujas del reloj; después, lo haremos con la izquierda en sentido contrario.

Una vez apagada la vela mediante un soplo, dejaremos la bola tapada durante siete días, sin tocarla ni mirarla.

PODER

Gran nombre: Adonai
Elemento: tierra
Espíritu elemental: gnomos

ADONAI

Uno de los modos de mencionar a Dios, y uno de los permitidos para las personas que no sean sacerdotes. Lo encontramos habitualmente en los primeros textos del Antiguo Testamento y su nombre completo es Adonai Melek, traducido como Dios Rey.

TIERRA

Uno de los elementos fundamentales, pasivo y femenino, que simboliza la maternidad, la fecundidad y la regeneración. Suele ser un signo que proporciona obediencia, perfección pasiva y consuelo al inquieto. Base de los otros elementos, contiene las semillas para la continuación de las especies y es el receptáculo de los rayos solares y cósmicos. Madre de todo lo creado, puede ser igualmente vegetal o animal, además de producir los metales y las piedras.

GNOMOS

Se trata de seres muy pequeños, humanoides, que habitan en el interior de la tierra y el tronco hueco de los árboles, lugares en los cuales acumulan enormes tesoros gracias a que poseen el cuerno de la abundancia. Son especialmente abundantes en Irlanda y normalmente se los considera benéficos e inofensivos.

Procedimiento básico

Ya estamos casi a punto de finalizar los preparativos para dotar a nuestra bola de cristal de poder para ver el futuro, presente y pasado, y en estos momentos ya debemos disponer de una gran paz interior. Seguramente habremos conseguido alcanzar mayor sabiduría, templanza y sentido de la justicia que nunca antes en nuestra vida.

Tenemos que ser conscientes de que nuestro poder ha aumentado y que somos superiores a la mayoría de los mortales, pero debemos emplear este poder siempre para hacer el bien y no buscando únicamente fines lucrativos.

Ahora hay que comprar sal marina, sin refinar, que la pondremos en suficiente cantidad delante de la bola, al menos toda la que quepa en el cuenco de una mano. Pondremos una vela de oro encendida a la derecha y otra a la izquierda, mientras recitamos alguna oración a Adonai y después otra a todos los habitantes de la Tierra.

Tenemos que liberarnos de todas las cadenas mentales y sociales, y estar convencidos de que hoy seremos unas personas totalmente libres y diferentes.

Para invocar a los gnomos hay que recitar algo que los denomine como reyes invisibles. Ellos son los que repiten el eco, los que manejan los metales y los que nos permiten llegar a nuevas dimensiones.

Consejos

1. Al principio, no mire a la bola más de diez minutos seguidos, pero no se desmoralice porque la vea inicialmente turbia u oscura.
2. Trabaje fuera de las horas de comida habituales.
3. Debe aprender a mirar dentro de la bola, olvidando que se trata de un objeto de cristal.
4. No trate de buscar señales u objetos concretos, pues la información le llegará con frecuencia de forma sutil. No espere, pues, ver a personas conocidas moverse en su interior, tal como nos muestran las películas.
5. Tenga un colirio a mano las primeras veces, pues fijar la mirada en la bola durante unos minutos fatiga mucho la vista. Entre las hierbas recomendadas están la eufrasia y el hamamelis, aunque el líquido deberá estar muy diluido para que no escueza. Añada una pizca de sal para igualarlo con la lágrima.
6. La meditación previa es imprescindible, tanto como escuchar detenidamente los problemas y sugerencias de la persona que acude a nosotros.
7. No intente buscar dioses, demonios o seres de ultratumba dentro de la bola.
8. No trate de buscar nada concreto, objeto o persona, y deje su mente en blanco cuando mire, solamente atento a las visiones que la bola le mostrará en su momento.
9. Cuando observe una imagen, por tenue que le parezca, concéntrese en ella para que se forme cada vez con mayor claridad. No se preocupe si en algún momento la imagen sale de su vista o la bola se

oscurece. Al igual que cuando estamos viendo una película, la luz y la oscuridad se alternarán.
10. No se desanime por que las primeras sesiones sean infructuosas; quizá es que esperaba demasiado de ellas o pensaba que aparecería una imagen tan clara como una fotografía.

INTERPRETACIÓN DEL COLOR

1. No se preocupe por que la bola se oscurezca bruscamente, incluso cuando creía estar viendo algo concreto. Si ello ocurre, sepa que le corresponde a usted aclarar la visión y para ello nada mejor que concentrarse aún más. Tiene que aislarse totalmente de su entorno y pedir a las personas que lo acompañan que no hablen ni se muevan.
2. Si percibe una tonalidad **roja**, posiblemente se trate de una señal que nos avisa sobre un disgusto, pérdida o situación conflictiva.
3. Si es de color **naranja**, tampoco es un buen augurio, especialmente porque nos avisa de pérdida de dinero o trabajo.
4. El color **blanco**, por el contrario, nos avisa de uniones, tanto de trabajo, negocios, como familiares, la mayoría con éxito.
5. El **negro** es siempre síntoma de mal augurio, aunque hay que matizar hacia qué o hacia quién.
6. Una tonalidad **azul** nos habla de épocas felices, con salud y paz espiritual.
7. El **verde** es también un color de buen presagio, de una buena idea, pero tenga cuidado con no dejar volar demasiado la fantasía. Las cosas grandes no se consiguen con facilidad.

INTERPRETACIÓN DEL LUGAR

1. Si los colores se perciben en la parte superior, posiblemente existan espíritus amigables en el cuarto, por lo que las consultas serán mucho mejor contestadas.
2. Si los vemos en la parte inferior no se fíe de las respuestas, o al menos no las considere enteramente ciertas. Es mejor que espere unos segundos, se relaje, y vuelva a intentarlo luego.
3. Cuando los colores están concentrados en la derecha deberá tener cuidado con los vaticinios importantes, como la muerte de un familiar o la pérdida del trabajo o dinero. Si mete el miedo en el cuerpo a las personas posiblemente precipite los acontecimientos. Tampoco aconseje sobre la conveniencia de un divorcio o cambio de trabajo. Sea sutil y dé unos consejos prudentes, pero que no supongan una orden.
4. Finalmente, si los objetos se ven en la zona izquierda deberá finalizar la sesión, pues el resto de la información contiene errores.

CUALIDADES IMPRESCINDIBLES

PREMONICIÓN

Presentimiento, presagio, advertencia. Síntoma o sensación que anuncia el episodio de una enfermedad, un desastre o un acontecimiento feliz.

También: Cierto estado del ánimo que hace prever y presagiar lo que ha de acontecer.

Pocas personas no han sentido varias veces en su vida esta sensación, en ocasiones muy indefinida, en la cual parece que el futuro próximo lo vemos claro en nuestra mente, o al menos pensamos que algo va a suceder. Mezclado con una sensación de angustia e intranquilidad, la persona que lo siente no sabe ciertamente qué está ocurriendo en su vida, pero sabe que algo se está fraguando y no siempre benéfico.

Con frecuencia estas premoniciones ocurren en los sueños, en los cuales visualizamos los próximos acontecimientos y los interpretamos como avisos del destino, por lo que inmediatamente nos ponemos manos a la obra para que se materialicen inmediatamente en hechos reales. El sueño, alegan, estaba perfectamente dirigido por alguien y hay que tenerlo en cuenta. Y si todo consiste en comprar un boleto de lotería que casi nunca toca (añado lo de «casi» porque el azar siempre está presente), no hay mayor problema. Lo grave de hacer caso irracionalmente a una premonición es que nuestros actos involucren y dañen a otras personas.

Pero junto a los presentimientos erróneos, especialmente en personas que sufren ansiedad con frecuencia, están aquellos otros que han contribuido a cambiar algo sustancial en nuestras vidas, casi siempre para bien. Para los incrédulos es todo obra de la casualidad, esa combinación de circunstancias que no se pueden prever ni evitar y que ocasionan un acontecimiento imprevisto. Sin embargo, que una persona pase delante de un local durante años sin prestarle atención y ni siquiera entrar y que un día, por ejemplo un día lluvioso, se vea en la necesidad de entrar y allí conozca al amor de su vida, no podemos seguir afirmando que sea obra de la «casualidad». Al menos tendremos que dejar un margen para considerarlo como una premonición que nos obligó a entrar allí ese día y en ese momento.

También es difícil clasificar como casualidad el que una persona sea despedida de su aburrido trabajo y que justo dos o tres días después, desesperado y angustiado por su futuro, decida mitigar su angustia tomando un whisky doble, justo en un bar en donde está tomando un inofensivo refresco un viejo amigo de la infancia, propietario de una gran empresa. No se habían visto desde hacía muchos años y no se habrían visto si nuestro amigo no hubiera sido despedido y si no hubiera decidido apagar su llanto en ese bar, justo en ese momento. Luego, una vez que ya ambos han decidido trabajar juntos, el empresario le comenta que él nunca había entrado en ese bar, pero que una repentina sed le motivó para hacerlo. ¿Casualidad? ¿Premonición? ¿Obra del destino? Obviamente cualquier cosa menos la primera.

Dicen que cuando una puerta se cierra otra se abre y la mayoría de las veces para mejor, pero ello no quiere decir que seamos nosotros mismos quienes provoquemos las ocasiones para que nos den con la puerta en las narices. Parece ser que el destino se manifiesta acertadamente cuando no lo forzamos y las premoniciones hay que evaluarlas con serenidad para no realizar actos erróneos. Si, por ejemplo, un fuerte presentimiento nos dice que no hagamos un viaje en coche precisamente ese día porque hemos visto en sueños que tendremos un accidente, lo razonable es que no lo hagamos. Pudiera ser que no sea un aviso de nada ni de nadie, pero conduciríamos todo el tiempo nerviosos e intranquilos, algo que no es compatible con la destreza al volante, por lo que seguramente tendríamos ese fatal accidente.

A lo largo de nuestra vida, especialmente si tenemos una naturaleza sensitiva y perceptiva, recibiremos numerosos mensajes premonitorios a los cuales debemos hacer caso, especialmente relativos a las personas. Si nos presentan a alguien y se nos pone la piel de gallina, es razonable que nos apartemos de ella rápidamente, lo mismo que cuando simplemente opinamos que esa persona en concreto «nos cae mal». Estos presentimientos son especialmente intensos en los ancianos, quienes son capaces de evaluar a una persona solamente teniéndola delante y escuchando el sonido de su voz. Por eso cuando unos padres avisan a su hijo/a que ese amigo/a les da «mala espina», supone una premonición normalmente acertada, en este caso basada en la experiencia.

Y paralelamente a quienes consideran totalmente fiables estos avisos precognitivos, están quienes siempre se ríen de ellos y nos tratan de demostrar que son tonterías. Estas personas gustan de pasar debajo de una escalera, lo mismo que disfrutan cuando alguien les avisa de un presentimiento y van, como abejas a la miel, de cabeza a ese lugar en el cual sucederá el accidente. Es mejor dejarlos, pues incluso si el mal termina declarándose dirán que fue «obra de la casualidad», esa palabra que mencionamos cuando no entendemos los acontecimientos fortuitos.

CLARIVIDENCIA

Se trata de la facultad para ver o discernir lo que está oculto o por llegar. Es algo así como un sexto sentido, un tercer ojo o una doble visión del mundo real y del espíritu. Esta facultad no depende de la vida material o sensorial, pues procede del subconsciente o del alma y no de ninguna habilidad que se pueda aprender. Sus detractores no hablan de clarividencia, sino de casualidades o coincidencias inexplicables, aunque es más sensato definirlo como una aguda percepción extrasensorial, una cualidad inconsciente entre el estado psicofisiológico de la persona y su facultad para ver lo oculto. Un clarividente, por tanto, puede comprender perfectamente las razones del comportamiento humano y ser capaz de evitar el engaño mejor elaborado. Del mismo modo, también puede ver el futuro cercano, el más inmediato, precisamente aquel que evita un accidente o impide andar por una calle en la que está oculto un delincuente.

Por eso el experto en la interpretación de la bola de cristal no necesita entrar en trance o comunicarse con algún espíritu para realizar sus vaticinios, pues el mérito de ello es todo suyo, de su ego más interno. Sin una razón que lo explique, el clarividente ve inmediatamente elementos y personas que se encuentran lejanos, y los ve a través de la bola de cristal, con tanta claridad que resulta imposible equivocarse.

LOS CINCO ELEMENTOS

TIERRA

Ejercicio uno

Éste es el único ejercicio que requiere un compañero. Permanezca de pie en posición natural y cierre los ojos. Al tomar aire, póngase de puntillas y eleve los codos a la vez. Deje salir el aire y deje caer los codos mientras vuelve sobre los talones. Tense el abdomen y empuje los brazos hacia delante mientras vacía aún más los pulmones. Al hacer esto, gire la pelvis hacia delante mientras dobla las rodillas. Mantenga la columna vertebral recta durante el ejercicio y efectúe un total de nueve inspiraciones.

En este momento es cuando el compañero le ayuda en el entrenamiento. Se sitúa de pie, frente a usted, y apoya la mano en el pecho, ejerciendo presión creciente. Mientras aumenta la presión, doble las rodillas progresivamente para absorber la carga, relajando el cuerpo. No presione o se apoye contra la mano; su compañero quitará la mano repentinamente cuando note dichas tendencias, haciendo que usted pierda el equilibrio. Cuando llegue el momento en que no pueda resistir más la tensión, simplemente dé un paso en la dirección que indique la fuerza y adopte de nuevo la postura de tierra, igual que una roca vuelve a la estabilidad tras el movimiento. Su compañero, entonces, se va colocando a los lados y a la espalda, repitiendo las mismas maniobras.

Una vez realizado en las cuatro direcciones, quédese quieto durante un momento, sin presión. Su compañero debe apartarse a una distancia de al menos medio metro, mientras usted intenta poner la mente en blanco durante unos segundos para que la experiencia pueda filtrarse en su memoria. Si su compañero está cerca, puede sentir que su presencia obstaculiza este proceso. Tome entonces una respiración profunda y abra los ojos.

Ejercicio dos

Cuando se despierte, al comienzo del día, mantenga los ojos cerrados e intente reconocer todas las fragancias u olores que perciba. El olor puede ser fuerte, como el aroma del café procedente de la cocina, o más sutil, como el de los restos del aroma de las sábanas. Puede también que no percibas ningún olor. Quédese al menos dos minutos con los ojos cerrados buscando todas las variaciones que la nariz pueda recibir. Al levantarse, tome la resolución de que está especialmente consciente del sentido del olfato durante todo el día.

Resultará particularmente efectivo si puede emplear un día en el que tenga que pasar por varios lugares, para así obtener mayor variedad de estímulos. Sea consciente de todos los olores que perciba, sean agradables o no. No haga juicios de valor sobre los olores, clasificándolos en malos o buenos. Simplemente, sea consciente del efecto que cada olor y fragancia tiene sobre usted en todos los aspectos. A veces, le sorprenderá comprobar que algunos olores clasificados convencionalmente como «malos» pueden ocasionalmente resultarle agradables. Asuma mentalmente que todo lo que va a oler hoy tendrá un olor agradable. Cierre los ojos para experimentar aromas útiles y compruebe si le traen a la mente recuerdos o emociones particulares. No se limite a olores obvios como las flores o el humo del tráfico. Huela la televisión antes de sentarse a verla, el bolígrafo o el lápiz con el que escribe y el papel pintado del salón mientras pasa por él. Dese cuenta del efecto que cada olor tiene sobre usted.

Durante el día, haga pausas periódicas para tomar conscientemente una respiración profunda. Manteniendo la columna vertebral derecha, respire por la nariz y tome aire con profundidad. Que el estómago se dilate lo más posible y mantenga los pulmones en extensión durante unos segundos antes de exhalar. Al espirar, saque rápidamente el aire por la nariz hasta que haya expulsado todo el aire de los pulmones.

AGUA

Ejercicio uno

Busque un sitio cerca del mar, en donde pueda oír cómo rompen las olas contra la costa. Si esto no es posible, busque un disco o grabación del sonido de las olas del mar. Póngase de pie en postura relajada y cierre los ojos. Escuche las olas mientras desacelera la respiración. Inspire cuando el agua se retira mar adentro y exhale cuando rompen las olas.

Cuando el sistema de respiración esté bien establecido, comience a sincronizar el movimiento del cuerpo con las olas. Al inspirar, déjese caer hacia un lado en la postura del agua. Al exhalar, dé un paso hacia delante, como si fuese una ola que rompe en la costa. Déjese caer hacia el lado opuesto en el ciclo siguiente, recuerde la sensación de agua y trate de reproducirla. Repita el ciclo nueve veces. Respire profundamente y abra los ojos.

Ejercicio dos

Al despertarse por las mañanas, uno o dos días después de haber realizado el ejercicio uno, mantenga los ojos cerrados e intente reconocer los sabores que perciba. Pase la lengua por los dientes y encías, abra ligeramente la boca y saboree el aire al respirar, o pase la punta de la lengua por los nudillos del puño. Quédese un minuto o dos con los ojos cerrados para experimentar todo lo que afecta al sentido del gusto. Al levantarse, hágase el propósito de que va a estar especialmente consciente del sentido del gusto durante todo el día.

No es necesario que modifique su dieta en el día señalado; de hecho, se recomienda que coma alimentos normales. La diferencia está en el grado de atención que dirija al sentido del gusto. Coma todos los alimentos de manera lenta y deliberada. Cierre los ojos cuando pueda, para aumentar la conciencia del sabor. No distraiga la atención conversando de cosas inútiles y emplee el doble del tiempo normal en masticar cada bocado de comida. Antes de poner algo en la boca, intente imaginar la sensación del sabor que experimentará. Imagine que cada bocado constituye una nueva sensación de sabor, sin importar lo familiar que pueda resultarle. Asuma mentalmente que todo lo que guste hoy tendrá un sabor agradable e interesante.

FUEGO

Ejercicio uno

Ponga una pieza musical rítmica en su equipo de música, algo que le haga mover el cuerpo cuando la oiga. Ajuste el volumen de manera que pueda oír el nivel normal de una conversación sobre el pasaje más ruidoso de la música. Un sonido más fuerte que éste puede causar un daño irreparable a su oído, un sentido muy importante para estar alerta.

Cierre los ojos y recuerde la sensación de fuego. Póngase en la posición de fuego e inspire intensamente espire con rapidez, siguiendo un movimiento rápido con la respiración. Repita la respiración dos veces, sintiendo cada vez más la necesidad de moverse, como si estuviera lleno de una energía que anhela ser liberada. Dé tres pasos rápidos en una dirección; entonces, mientras respira normalmente, vuelva a la posición de partida. Elija otro de los nueve puntos cardinales y repita. El noveno, o línea central, es vertical; como empieza desde ésta, no hace falta que la repita.

Cuando esté familiarizado con este ejercicio, puede añadirle los movimientos de mano de fuego. Al terminar, quédese en el centro, deje que la respiración se haga más lenta hasta respirar normalmente. Tras una última respiración profunda, abra los ojos.

Ejercicio dos

Al despertar por la mañana, uno o dos días después de realizar el ejercicio anterior, abra los ojos y deje que la vista recoja lo que está directamente frente a ellos. Sin mover el cuerpo en absoluto, ajuste el enfoque visual a varias distancias. Mire algún objeto de la habitación y su sombra. Borre la visión intencionadamente y vea lo que queda enfocado automáticamente. Traslade la concentración desde la sábana que está al lado de su cara a otra que esté a distancia media. Quédese unos dos minutos experimentando con el sentido de la vista y con el mecanismo de enfoque en los ojos. Al levantarse, tome la determinación de que estará consciente del sentido de la vista durante todo el día.

Cierre los ojos y ejerza una ligera presión con la punta de los dedos sobre los párpados. Varíe los ángulos y la intensidad de la presión y observe los diferentes colores y formas que vea. Mientras contempla las impresiones visuales, sea consciente de que usted crea las visiones que ve y que esa realidad es producto de su mente al reaccionar a un estímulo.

Ejercicio tres

A lo largo del día, esté especialmente dispuesto para percibir la intensidad de los colores. Observe cuáles se usan para crear impresiones específicas o respuestas emocionales sutiles. Averigüe qué colores le resultan más atractivos y cuáles predominan en su armario ropero. De vez en cuando borre la visión ligeramente de manera que los colores destaquen sobre el valor o significado de las cosas que lo rodean. Mientras observa los colores, compruebe si le viene a la mente algún recuerdo o emoción.

Una segunda área dentro de la percepción visual podría ser ver imágenes nuevas en zonas familiares. Observe sus patrones de visión normales y dese cuenta de la cantidad de material visual que deja sin percibir. Trate de recordar qué apariencia tiene el día (en cuanto al clima). Contemple lugares familiares como si hubiera estado ciego hasta ese momento.

Mire conscientemente a las caras de los que lo rodean. No se fije tan intensamente que moleste a los demás; simplemente permanezca en sus ojos. Durante todo el día dedíquese a este ejercicio, concentrándose en ser consciente mirando detrás de los ojos de otros.

VIENTO

Ejercicio uno

Un día en que haya fuerte viento, busque una zona relativamente desierta. Observe cualquier objeto que pueda hacerle caer y evítelo. Póngase en pie en medio de la zona elegida, en posición natural. Cierre los ojos y recuerde la sensación de viento: trate de reproducirla. Comience la respiración-viento, inhalación seguida de profunda y larga exhalación. Repita esta respiración tres veces mientras limpia la mente de otros pensamientos.

En la siguiente ráfaga de viento, deje que lo empuje a donde vaya. Muévase en la postura de viento sólo cuando sienta el auténtico empujón del aire. Esté atento a los leves cambios de dirección que acompañan cada ráfaga y dese cuenta de cómo las ráfagas lo mueven en una dirección general, pero parecen empujarlo en espiral hasta llegar allí.

Cuando haya realizado nueve inspiraciones-viento, quédese quieto. Tome una respiración y abra los ojos.

Estos ejercicios le ayudarán a integrar la mente y el cuerpo, de manera que no quede espacio entre la intención y la acción. La última meta es que no haya distinción entre el pensamiento en sí y el acontecer del plan deseado. Es una vía de amor y aquellos que perviertan la vía serán finalmente destruidos por las propias grietas que ellos hagan en la fábrica de su existencia. Aquellos para los que ésta es la vía y la sigan, progresarán.

Ejercicio dos

Cuando despierte por la mañana, un día o dos después de realizar el ejercicio tres, mantenga los ojos cerrados e intente reconocer las sensaciones físicas que sienta. Sin moverse en absoluto, haga un rápido reconocimiento de todo el cuerpo, recogiendo toda impresión táctil. La sensación de la ropa, la posición de los miembros, el contacto o el calor de quien tenga a su lado, todo debe estar en su conciencia. Quédese al menos durante dos minutos con los ojos cerrados para percibir todas las variaciones que su sentido de percepción corporal pueda recoger. Al levantarse, tome la resolución de que va a estar especialmente consciente del sentido del tacto durante todo el día.

A lo largo del día experimente conscientemente varios estímulos para el sentido del tacto. Puede quedar sorprendido de que algunas sensaciones clasificadas convencionalmente como «malas» le resulten agradables. Asuma mentalmente que todo lo que sienta hoy será una sensación agradable. Sea consciente de la variación de temperaturas en torno a su cuerpo. Tome parte consciente en toda sección muscular que lleve a cabo, sea correr, masticar o mover objetos. Observe las sensaciones producidas en su cuerpo con la ropa. Observe su resistencia o adaptación a los movimientos de vaivén de los vehículos en los que monte.

Ejercicio tres

En cierto momento del día, busque un lugar tranquilo y confortable en el que pueda tumbarse boca arriba. Relaje todo el cuerpo y deje que los acontecimientos del día abandonen su conciencia. Cierre los ojos y tome una respiración lenta. Imagine que el aire que inspira llega hasta el fondo de su cuerpo, y sienta que los pulmones se expanden al máximo. Repita esta respiración profunda dos o tres veces para aclarar la mente y los pulmones. Entonces, comience a tensar el cuerpo, empezando por el punto central, en el plexo solar. Sienta la tensión moverse a través del tronco hacia arriba, hacia abajo y a los lados, mientras mantiene la tensión muscular en el centro. Mantenga la tensión mientras desplaza la conciencia a través del cuerpo, tensando cada músculo durante el recorrido. Al final, cierre los dedos de las extremidades hacia dentro y ejerza tensión total en todos los músculos del cuerpo. En ese momento debería estar virtualmente separado de la superficie en la que está tumbado. Elimine la tensión repentinamente, relajando todos los músculos al tiempo que suelta el aire. Procediendo cada vez con un miembro, relaje conscientemente cada músculo hasta que el cuerpo esté completamente sin tensión. Comience con los dedos y vaya avanzando hasta el centro del cuerpo. Sienta conscientemente cada músculo mientras se relaja.

SIMBOLOGÍA NUMÉRICA

Muy probablemente encontremos números entre los objetos visuales de la bola, en ocasiones bien definidos y, más frecuentemente, como una aproximación a la realidad. Esto se debe a que no siempre los mensajes telepáticos o la clarividencia son tan concretos como desearíamos, del mismo modo que las cartas del tarot no deben interpretarse literalmente, ni el Zodíaco debe ser un vaticinio infalible.

Numerología y su interpretación posible:

Uno:

Representa a la persona recta, en fase de actividad o de trabajo, aunque hay quienes lo asocian con el signo fálico o un tótem. Es el comienzo de algo, amor o trabajo, pero también es la fuerza promotora de todo cuanto existe y el centro desde el cual irradia el espíritu.

Si pensamos que hay una persona en concreto representada por el número UNO, se trataría de un ser confiado y valiente en su aspecto externo, pero posiblemente lleve en su interior una gran lucha para conseguir mantener esta imagen.

El UNO es el dominio, el poder y la autoridad, pero también la independencia, la confianza, la creatividad y la energía. Encontramos más a un líder que a un seguidor, a una persona individualista que puede absorber mucha energía del exterior con la cual lograr el equilibrio que desea. No le gusta la soledad, pero no desea que se interfieran en sus dominios, pues su carisma como jefe es intenso y tiene un alto concepto de la territorialidad.

Son personas trabajadoras, tenaces, que no se desaniman ante los inconvenientes y posiblemente se crecen con ellos.

Dos:

Se trata de personas reflexivas, opuestas y contradictorias, pues quieren la independencia, pero les da miedo; son posesivos y celosos simultáneamente. Su vida irá de un lugar a otro, de una ambición a otra opuesta, deseando amar sin comprometerse, pues quieren aunar seguridad con deseos de renovación.

Símbolo femenino, representa simultáneamente el bien y el mal, la vida y la muerte, el día y la noche. Le gusta la vida material y el mundo de los espíritus, y cree más en las ceremonias religiosas que en el alma inmortal. Pueden ser tan persuasivos que acaben dominando a quien acepta satisfacer sus deseos, aunque su agudeza e ingenio den la impresión de otorgar algo a cambio de la sumisión. Su deseo de protagonismo y de no pasar desapercibidos puede hacerse intolerable para los filósofos y las personas que gustan más de observar que de liderar las mentes.

Introvertidos y diplomáticos cuando se trata de conseguir cosas, en realidad tienen un miedo atroz a afrontar la vida solos y prefieren la explotación sutil de las personas que trabajarán para ellos.

Tres:

Es un número divino, mágico, pues simboliza la Santísima Trinidad, la luz del sol, el aire y la felicidad. Es la ley del equilibrio y sus representantes son activos, sabios e inteligentes, además de bellos, graciosos y justos. Sexualmente es un símbolo importante y define a una persona que trata de compaginar la pasión con la sensatez, lo racional con el desenfreno amoroso, y lo espiritual con lo carnal.

Seguros de sí mismos, suelen tener buena suerte en la vida, y triunfarán en profesiones de abogados, jueces, profesores y políticos, aunque frecuentemente sus logros los lleven a la arrogancia como distintivo.

Cuatro:

Su relación con la cruz cristiana le hace ser un signo de plenitud y divinidad. Cuatro son los puntos cardinales, las estaciones del año, los jinetes del Apocalipsis y los elementos. Por eso este signo representa lo racional, lo conservador, la sinceridad y la honradez. Su relación con las personas nos habla de buenos trabajadores, personas comprometidas con sus obligaciones, poco amantes de lo superfluo y la ostentación, y con gran capacidad deductiva, lo que las hace adecuadas para puestos directivos.

En términos generales nos habla de realización de sueños y esperanzas, y de larga vida.

Cinco:

Nos indica una próxima unión o la consolidación de la ya existente, pues es el símbolo del amor y la salud. Son los cinco sentidos corporales y la estrella de David con sus cinco puntas, así como del pentagrama y la magia en general. Es indicativo de una época de gran emotividad, aventuras sexuales e inquietudes, pero en general con buenos resultados. La posibilidad de efectuar una aventura o un viaje peligroso, pero excitante, también se vislumbra, lo mismo que emprender un nuevo negocio o trabajo. Es el momento de cambiar, de innovar o de buscar socios comerciales.

Seis:

Son los días que Dios dedicó a la Creación del Universo, por lo que está relacionado con la perfección y el buen hacer. Nos habla de una persona hogareña, responsable de sus actos, conservadora en las tradiciones y siempre dispuesta al sacrificio por los demás. En ocasiones perezoso, quizá indique que necesita un buen descanso y que esté disgustado por no ser adecuadamente respetado.

Siete:

Puede ser un número sagrado, pues son los siete días que Dios empleó en su mayor Obra, si consideramos el día de descanso. Siete son los días de la semana y el número que simboliza la armonía y la paz. Las personas que dependen de este número primo suelen tener un gran equilibrio interior, y ser sabios, prudentes y con un gran concepto moral. No les gusta el ruido, las fiestas bulliciosas, ni las exageraciones en el vestir o el hablar. Atraviesan una época de gran estabilidad filosófica.

Ocho:

Sólido y perfecto, como corresponde a una figura cúbica, es el ejemplo del antagonismo entre fuerzas opuestas. Nos acercamos entonces al éxito material y a la riqueza, pues es la recompensa después de tantos años de duro trabajo. El problema es que la intolerancia, el egoísmo y la brusquedad con los demás pueden impedir su adecuado disfrute, pero, paradójicamente, estas posturas negativas le asegurarán el éxito en los negocios. Se recomienda cierta dosis de generosidad e incluso ayudar anónimamente a los indigentes.

Nueve:

Nos lleva a la religión, la cábala, el sacerdocio, al final de una etapa. Símbolo de la verdad, de las labores humanitarias y del misticismo, estas personas idealistas y fuertemente emotivas acusan mucho inconformismo que puede llevarlas al victimismo y a la queja continuada. Poco interesados en los logros materiales, están dotados para la religión y es frecuente que les guste la vida del ermitaño. Amigos fieles y bondadosos, suelen caer en el fatalismo y ver la vida y las circunstancias mucho más negras de lo que en realidad son.

EL DESTINO

El destino está en su futuro, es obvio, pero principalmente está limitado por las circunstancias innegables y verdaderas que rodean su nacimiento, como la posición de los planetas, el tiempo y lugar de su nacimiento, sus padres, sexo, etcétera. También abarca algunos de los más sólidos elementos mutables de su ser, como religión, espíritu e instintos. Una vez que estos factores son fijos, es bastante difícil cambiarlos.

El destino también está sobre los factores personales predestinados y por otras condiciones divinas y humanas, algo que no puede explicarse fácilmente, y para muchos no está sujeto a la intervención humana. Además de los condicionantes que rodean el nacimiento, el destino estructura los aspectos de la persona. Si un individuo tiene un deseo innato para conseguir una meta, probablemente sea un impulso que posee desde su nacimiento y que será más intenso según las influencias o estímulos que reciba. Una misión importante o la persecución de un deseo pueden cambiarse o eliminarse si ello forma parte de nuestro destino.

Las diferencias entre lo que es el destino y lo que se desea o consigue, sólo pueden ser determinadas a través de un análisis individual, pues no hay ninguna línea científica que permita la claridad. Esencialmente, depende del individuo decidir lo que es su destino, su voluntad, y el trabajo para conseguir sus deseos. Frecuentemente, es el individuo quien tiene más que aportar, pero su destino es la suma de todas las cosas sobre las cuales nuestro futuro está predeterminado.

LAS CARTAS EMOAT O DEL TAROT

Podríamos traducirlo como «expresar emociones», pues se piensa que estas imágenes activan contestaciones emocionales. Nuestras emociones están muy ligadas a los verdaderos deseos del alma que se muestran incluso por encima de nuestros impulsos, de nuestro raciocinio y de nuestras costumbres. La idea de este sistema es que la persona exprese sus emociones en medio del regocijo, dando libertad al alma para que hable.

Tan a menudo nos aislamos de nuestras emociones que construimos paredes proteccionistas, un «foso» alrededor de nuestros corazones y almas. Ése es el motivo por el cual las cartas Emoat nos llevan más allá de un simbólico puente levadizo hasta nuestro yo interno. Nosotros no debemos tener miedo de mostrar nuestro pasado, pues es la mejor manera de sanarnos. **Realmente nadie es como imagina que los demás lo ven.** Cuando descubrimos nuestro pasado tenemos una nueva oportunidad de separarnos de las ataduras y comenzar un nuevo camino más libres.

Pero no se crea que los juegos de cartas son algo reciente, algo que está de moda, pues se trata de uno de los juegos más antiguos que existen. Los primeros escritos que conocemos datan del año 1781, en los cuales un traductor de idiomas antiguos llamado Court de Gebelin dijo que había encontrado un jeroglífico egipcio dentro del *Libro de Toht*, uno de los que pudieron recuperarse en las investigaciones arqueológicas. También existe otro similar en el juego indio del Chaturanga de los Cuatro Reyes de los siglos V y VI, relacionado con la civilización maya, pueblo aficionado al oráculo.

Sobre esta antigua y desaparecida civilización sabemos que se extendió por una vasta zona de unos 325.000 km^2, entre América Central y México, siendo el golfo de México su lugar de origen. Las vestigios más antiguos de esta cultura se remontan a unos 1.500 años a.C., cuando aparecen los primeros agricultores en la costa del Pacífico. En el período siguiente, entre los años 800 y 300 a.C., se estableció en la zona meridional un importante núcleo de población compuesto básicamente de agricultores que fabricaron una cerámica en arcilla blanca más elaborada que anteriormente. Al último período pertenecen los monolitos antropomorfos y cefalomorfos hallados en la región de Escuintla y en el llano del Pacífico, mientras que la época clásica, entre el 282 y el 889 d.C., y el 790 d.C., se considera el período de máximo apogeo de la civilización maya.

También hay mención fidedigna al Tarot en los libros de Charles Popupart, precisamente tesorero de Carlos VI de Francia, quien habló de un reconocido pintor que había recibido el encargo de pintar tres barajas completas para que jugase su majestad. Esto no es un caso aislado, pues a lo largo de la historia no se conoce rey, emperador o dictador que no consultase periódicamente a los adivinos antes de emprender una batalla o dictar nuevas leyes.

Como dato difícil de ignorar, recordamos que la cábala hebrea posee veintidós letras que coinciden, en número, con los veintidós arcanos mayores, por lo que cada naipe debe poseer su correspondiente letra hebrea. También es significativo que sean veintidós los senderos que en el Árbol de la Vida conectan con los diez sefirotes y que si leemos Tarot al revés encontramos algo similar a Torah. Los cefirotes son facetas divinas que Dios revela a los hombres para que conozcan aspectos de su existencia habitualmente ocultos. Se trata de diez luces con las cuales se realizó la base de la creación del universo y con las que se mantiene unido el cosmos. Estos rayos divinos se encuentran unidos por veintidós senderos que forman el Árbol de la Vida, algo así como el camino elegido por Dios para descender hasta nosotros y el cual deberemos seguir para retornar a Él.

Cada sendero posee su propio nombre o cualidad:

Dios del Principio
Dios de la Bondad
Dios del Infinito
Dios de la Retribución
Dios Radiante
Dios de la Súplica
Dios de las Puertas de la Luz
Dios Elocuente
Dios Supremo

Dios Salvador
Dios de Dios
Y Dios fin de todas las cosas, entre otros.
La mayoría se compone de 78 cartas, divididas en 22 arcanos mayores y 56 arcanos menores.

Arcanos mayores:

El Mago
Significado: Voluntad y destreza
Planeta asociado: Mercurio
Principio divino: dominio total
Atributos: austeridad, egoísmo
Metal: mercurio

La Sacerdotisa
Significado: ciencia
Planeta asociado: Virgo
Principio divino: conceptos espirituales
Atributos: serenidad, ambición
Color: azul oscuro

La Emperatriz
Significado: matrimonio, acción
Planeta asociado: Libra
Principio divino: indulgencia
Atributos: ternura, placer
Piedras: diamante, ópalo

El Emperador
Significado: realización
Planeta asociado: Escorpio
Principio divino: sabiduría
Atributos: conocimiento, orgullo
Piedras: carbúnculo, turquesa

El Sumo Sacerdote
Significado: religión, ley
Planeta asociado: Júpiter
Principio divino: reflexión
Atributos: ensueño, reposo
Metal: estaño

Los Enamorados
Significado: tentación
Planeta asociado: Venus
Principio divino: intuición
Atributos: aspiración, independencia
Metal: cobre

El Carro
Significado: victoria
Planeta asociado: Sagitario
Principio divino: triunfo del bien
Atributos: conocimiento, cólera
Color: rojo brillante

La Justicia
Significado: equilibrio
Planeta asociado: Capricornio
Principio divino: justicia
Atributos: cálculo, avaricia
Piedras: ónice blanco, piedra de la Luna

El Ermitaño
Significado: equilibrio
Planeta asociado: Capricornio
Principio divino: justicia
Atributos: cálculo, avaricia
Piedras: ónice blanco, piedra de la Luna

La Rueda de la Fortuna
Significado: cambios de fortuna
Planeta asociado: Urano
Principio divino: fe
Atributos: confianza en sí mismo, aprendizaje
Metal: uranio

La Fuerza
Significado: poder espiritual
Planeta asociado: Neptuno
Principio divino: fortaleza
Atributos: continuidad, simpatía
Metal: helio

El Colgado
Significado: sacrificio, expansión
Planeta asociado: Piscis
Principio divino: compasión
Atributos: investigación, paciencia
Color: blanco deslumbrante

La Muerte
Significado: muerte o transformación
Planeta asociado: Aries
Principio divino: esperanza
Atributos: inspiración, reconstrucción
Colores: rojo y blanco

La Templanza
Significado: regeneración
Planeta asociado: Tauro
Principio divino: tolerancia, moderación
Atributos: vacilación, templanza
Piedras: esmeralda, ágata de musgo

El Diablo
Significado: fatalidad o magia negra
Planeta asociado: Saturno
Principio divino: predestinación
Atributos: elocuencia, tristeza
Metal: plomo

La Torre
Significado: accidente o catástrofe
Planeta asociado: Marte
Principio divino: temor de Dios
Atributos: estudio, trabajo duro
Metal: hierro

La Estrella
Significado: verdad, esperanza
Planeta asociado: Géminis
Principio divino: inmortalidad
Atributos: ideas, creación artística
Color: rosa

La Luna
Significado: engaño, falsos amigos
Planeta asociado: Cáncer
Principio divino: entendimiento universal
Atributos: reflexión, reacción
Color: verde brillante

El Sol
Significado: felicidad, alegría
Planeta asociado: Leo
Principio divino: religión universal
Atributos: vanidad, progreso
Piedras: rubí, diamante

El Juicio
Significado: despertar, resurrección
Planeta asociado: la Luna
Principio divino: vida eterna
Atributos: filosofía, impulsividad
Metal: plata

El Mundo
Significado: éxito, logros
Planeta asociado: el Sol
Principio divino: continuidad
Atributos: expresión, control
Metal: oro

El Loco
Significado: fracaso, insensatez, errores
Planeta asociado: la Tierra
Principio divino: infinito
Atributos: duda, inseguridad
Metal: ninguno

Arcanos menores

Tienen un total de 56 cartas que corresponden a los cuatro palos de la baraja tradicional: oro, copas, espadas y bastos, homólogos de la versión francesa o baraja de póquer: tréboles, corazones, picas y diamantes.

SELECCIÓN DE LA CARTA

¿Azar?

Hay quien desprecia la adivinación mediante las cartas porque dice que es todo puro azar. Pero la experiencia demuestra que realmente la persona que las lee solamente está sacando de nuestra propia reserva mental lo que mantenemos oculto, como un clarividente. Las necesidades espirituales de la persona se manifiestan incluso cuando ésta baraja las cartas, y hasta cuando realiza un corte y las sitúa a la derecha o izquierda. Por eso no se deben emplear los generadores de números al azar, pues dejan menos oportunidad para la interacción del psiquismo.

¿Al revés?

La mayoría de las interpretaciones del Tarot dan significados extensamente diferentes a las tarjetas cuando se despliegan al lado correcto que cuando se muestran al revés, lo que demuestra que el destino es algo muy complejo y aquello que es bueno para unos es malo para otros.

¿Qué hace que cada símbolo signifique algo concreto?

Se crearon las imágenes y programas que comprenden estos sistemas con una cierta cantidad de «espiritualidad» y, por supuesto, de seriedad. El algoritmo escogido revela una respuesta derivada de la conducta del ser humano y los designios divinos.

¿Se encuentran, pues, respuestas exactas cuando consultamos las cartas?

Sólo debemos exigir al tarot una idea para solucionar nuestros problemas, pero no es la solución. Considérelo como un juguete interesante, con el cual puede hablar sobre usted mismo, que no es poco. Disfrute y recuerde: el desafío real con cualquier adivinación es la interpretación.

LA IMPORTANCIA DEL HEBREO

El alfabeto hebreo es la base para muchas exploraciones en lo oculto, tanto para entender la Biblia, como la numerología o el Tarot. La letra «H» es la más prominente en estas exploraciones, pues se encuentra en el centro de Jehová, un modo de pronunciar a Dios, pues durante muchos años se creía que era peligroso mencionarlo directamente, por lo que se empleaban también las siglas JHVH.

No sólo es que existan dos «H» en JHVH, sino que también las hay en el alfabeto hebreo en el vocablo Cheth. Todavía existen restos de una curiosa incertidumbre que relacionan Cheth con el nombre indecible de Dios. ¿Son las dos H meramente un truco para evitar que las personas mencionen directamente a Dios?

El idioma hebreo da a cada carta (y, por consiguiente, a cada palabra) un valor numerológico y en la Edad Media el Tarot era una representación pictórica del alfabeto hebreo. En el Tarot, Cheth es el Carro, una invención de la Humanidad. Originalmente la carta «H» era un pictograma que encerraba algo, un cerco, y Carro y cerco representan la misma cosa, la habilidad del hombre para cambiar el mundo. Los dos describen al hombre como una criatura que se atrevería a proclamarse Dios.

LAS CATEGORÍAS PARA CADA TARJETA DEL TAROT SON COMO SIGUE:

Enfoque:
Ésta es la atmósfera general; una versión de los eventos o condiciones que surgen en su futuro. Es la cosa más difícil en la que se basa la lectura.

Deseo:
Refleja lo que usted quiere ahora o lo que querrá pronto.

Romance:
Representa eventos reales así como lo que usted desea que ocurra.

Lo inesperado:
Cubre algo que llega como una sorpresa (bueno o malo).

Otras personas:
Connota las personas que influirán en su vida.

La casa:
Relaciona a su casa real o donde usted siente que es su hogar.

Viaje:
Los acuerdos para idas y venidas, los viajes que hará y los eventos circundantes.

Papeles:
Cubre todo lo que involucra papeles, especialmente los documentos legales, los libros y el trabajo relacionado con el arte.

Trabajo/carrera:
Relaciona a su trabajo o aspiraciones profesionales, pero también representa algo que usted considera como trabajo: los quehaceres domésticos, escuela, aficiones.

Uniones:
Revela lo relacionado sobre sus uniones con otros, sean personales o estrictamente laborales.

Estado emocional:
Refleja sus sentimientos y reacciones.

Placer:
Describe las personas, lugares o cosas que traen alegría en su vida. También dice aquello que traerá satisfacciones.

Noticias:
Connota todas las formas de noticias, mensajes o comunicaciones.

Familia:
Cubre a las hermanas y hermanos, esposos y padres, suegros e incluso los más lejanos.

El cuerpo físico:
Las preocupaciones de su salud, dieta, actitud mental y el bienestar global.

Finanzas:
Relaciona a todo lo conectado con el dinero y los recursos materiales.

Tiempo:
Refleja lo relacionado con el paso del tiempo.

Amigos:
Involucra amistades, socios íntimos y lo que transpira a través de una amistad o asociación con otro.

Visitas/llamadas:
Relaciona a situaciones que involucran a aquellos que telefonean o vienen de visita por cualquier materia o circunstancia.

Correo:
Cubre todo lo relacionado o que está en tránsito, incluso las tarjetas, entregas de telegramas, facsímiles y e-mail.

Ansiedad:
Denota las áreas problemáticas en su vida; las cosas que le frustran o molestan.

Desilusión:
Describe las personas y/o eventos que no llegarán, que lo entristecerán o le ocasionarán desilusión.

Fines:
Predice las situaciones, condiciones o relaciones que están resolviéndose o próximas a finalizar.

Nuevos principios:
Los heraldos de nuevas situaciones que le darán energía y que le harán cambiar el curso de su experiencia. Esto puede incluir también una vida alterada por decisiones o eventos.

Herencia:
Revela lo que vendrá como resultado de otro o algo que usted adquirió antes, sea mediante las experiencia, materialmente o espiritualmente. No es imprescindible que alguien se muera para que reciba un legado, pero también podría representar eso.

Recompensas/regalos:
Cubre algo que le dan, que usted compra para otro, y cosas que compra para sí mismo. Pero no se limita simplemente a lo material, pues también podrían ser regalos del espíritu.

Éxito:
Los puntos en los que usted tendrá éxito o en los cuales conseguirá un gran logro. También podría indicar dónde o de quién vendrá su éxito.

Fortuna:
Descubre en qué cosas será afortunado, o lo que ocurrirá por casualidad, suerte, destino o buen karma.

Bendiciones:
Predice lo que agradecerá al destino por las cosas que le llegan en la vida y de las cuales se considera afortunado.

MAGOS, CLARIVIDENTES Y MITOS

El Magoolismo

La historia de todo lo que existe en la sociedad hasta nuestros días, ha sido la historia del forcejeo religioso. La batalla inacabable entre las personas que intentan imponer sus dioses en las masas es un estigma que lleva consigo la población, aunque todavía ninguno ha conseguido convencer a todos de que sus dioses son los verdaderos y que las demás opciones son falsas. Éste es un hecho aún por demostrar.

¿Cuál es la razón por la cual un grupo de personas abrazan una opción falsa o mentiras obvias? ¿Por qué? Porque las mentiras son lo que las personas quieren oír. Los seguidores del Magoolismo insisten en que sus pautas son la manera de llegar a la perfección y felicidad, barriéndose así todas las mentiras del pasado, que serán reemplazadas por el nuevo orden de verdad. El Magoolismo es, insisten, el camino a través de la oscuridad, de la decepción y, por otra parte, el reino inasequible de verdad y la luz.

Para entender el concepto de Magoolismo debe admitirse que no hay nada después de la vida, pues dicen que las almas o las invenciones relacionadas con otras formas de vida son falsas. Sólo el cuerpo físico existe. ¿Tiene usted sensaciones en un miembro que se ha amputado? ¿Se acuerda de aquella muela que le extrajeron hace diez años? ¡Por supuesto que no! El cuerpo humano no es un vehículo durante nuestro tiempo en la tierra, sino que pertenece a ciertos seres malignos. El cuerpo y la mente son la misma cosa, inseparables y similares, pero todos los otros conceptos de mente y cuerpo son invenciones para poder apaciguar a las masas. Por eso tratan de evitar que el Magoolismo tome el poder y, quieren ocultar que las gentes se den cuenta que pervirtieron el curso de la historia cruelmente e inventaron la religión.

¿Por qué ha habido tantos profetas entre el año 800 a.C. y el 50 d.C.? Estos profetas formaban parte de una secta de esclavos religiosos que debían plantar las semillas para amasar a las muchedumbres. Así, la religión ha desunido el eslabón entre la Humanidad y la verdad de nuestra existencia. Sólo a través de Magool se puede conocer la verdad, y, a pesar de esta persecución deliberada, el Magoolismo ha resistido la prueba del tiempo y demuestra que es una verdadera fe.

Llevando más allá su causa, la religión nos ha enseñado que hay una vida después de esta vida. Con esto intentan demostrar que la inmortalidad es posible y que la perfección nunca podría existir en la tierra. Es absurdo, pues en la era moderna incluso los científicos decían que la inmortalidad es un concepto imaginario. Sin embargo, la inmortalidad está por todas partes, lo que indica que nos encontramos con otros nuevos ignorantes o malévolos, siendo difícil creer también a quienes se han opuesto pertinazmente a los postulados y creencias religiosas. La ciencia no ha podido demostrar que no existe otra vida después de ésta, pero nos siguen diciendo que no hay nada, con lo cual pierden credibilidad. Bien, el científico magoolista nunca afirmará que la inmortalidad es imaginaria, pues su creencia es independiente tanto de la religión como de la ciencia.

Paradójicamente, la inmortalidad es esencial al magoolista, pues no es posible la perfección en esta corta existencia terrenal. La religión también nos dice que esta vida es imperfecta, dolorosa, y nos muestra una sociedad utópica que no es posible, pero insiste en que es imprescindible para redimir nuestros pecados. La perfección es asequible, pero sólo cuando la población es pura, y este concepto está demasiado desvirtuado por los conceptos religiosos. Somos tan vulnerables que podemos quebrantar con demasiada facilidad la moral, pero el mal radica en las normas que debemos aceptar, no en nosotros mismos.

HALLOWEEN

¿Sabe usted lo que se celebra en la víspera de Todos los Santos?

Halloween es un vocablo derivado del nombre de «Todos santifican la víspera» o «El día de la víspera de todos los santos», que se celebra la noche del 31 de octubre.

Deriva de los ritos druidas (sacerdotes de las tribus europeas llamadas celtas) que celebraban el día en que Saman, dios de los muertos, invocaba a los malos espíritus a que se reunieran la última noche del año para examinar los acontecimientos futuros y, además, para que visitaran sus antiguos hogares en la tierra.

Después fue una reunión de brujas que se celebraba en Escocia el último día de octubre, y esta tradición pasó a los Estados Unidos cuando hubo los grandes movimientos migratorios a América. En este momento perdió su aspecto mágico, aunque todavía los más antiguos afirman que esa noche los espíritus vagan alegremente por el cielo.

Desarrollo

Cuando los romanos conquistaron los territorios dominados por las tribus celtas, especialmente Escocia e Irlanda, añadieron esta «fiesta» al calendario romano festivo de «La Cosecha». En ella, celebrada la noche del 1 de noviembre, honraban a Pomona, diosa de los árboles frutales, aunque posteriormente cambiaron su celebración al 31 de octubre.

Costumbres

En la religión de los celtas, el culto que se daba a los dioses era muy numeroso y se empleaban tanto objetos naturales como árboles o pozos, mientras que los sacerdotes druidas, que generalmente eran adivinos, magos o brujos, acostumbraban a prender grandes fogatas en la víspera de Todos los Santos. Esto se hacía con el propósito de protegerse de los malos espíritus, aunque la influencia de las costumbres romanas modificó la fiesta, incluyendo la diversión, el consumo de frutas y dulces, así como pescar manzanas con la boca en un recipiente de agua o formar caras grotescas en calabazas huecas y encender velas dentro de ellas.

Los druidas fueron unos sacerdotes muy poderosos y muy jerarquizados. Poseían gran cultura y conocimientos de medicina que no gustaban de divulgar, y eran expertos en el manejo de las plantas alucinógenas, especialmente del muérdago. También se cree que eran buenos videntes y que realizaban sacrificios con animales e incluso con humanos, llegando a influir incluso sobre el desarrollo de las leyes.

Actualidad

Dada la amplia cobertura del Imperio Romano en el inicio de la era cristiana, estas fiestas se fueron incorporando paso a paso con las celebraciones cristianas y actualmente se han convertido en festivales populares. La comercialización de esta fiesta fue iniciada principalmente por los mercaderes estadounidenses en busca de ganancias económicas por la venta de dulces, disfraces, tarjetas, carteles, etc., pero utilizando en forma velada e inocente los ritos y costumbres derivados del culto a Satanás, los espíritus y los dioses paganos.

Práctica

Actualmente los niños celebran también la Víspera de Todos los Santos visitando las casas de los vecinos y exigiéndoles dulces a cambio de no realizarles ningún daño mediante un conjuro o sortilegio, aunque la mayoría se limitan a rayar las paredes o romper huevos en las puertas. Bajo la frase «truco o trato», se muestran vestidos de diablos, brujos, muertos, monstruos, vampiros y demás personajes relacionados principalmente con el mal. Normalmente, las bolsas que llevan para los dulces tienen motivos como calabazas huecas con forma de cara, gatos negros, calaveras, etc.

Preguntas

¿Es reprobable que los niños exijan algo bajo amenaza?
¿Por qué los curas aceptan que los niños hagan daños en la propiedad ajena?
¿Por qué los disfraces están relacionados con el mal y los ritos de los druidas?

¿Por qué se usan calabazas, velas, manzanas, etc., como en las celebraciones romanas?

¿Por qué la celebración es el 31 de octubre tal como era en los ritos celtas?

Pruebas

Es un hecho comprobado que la noche del 31 de octubre, en Irlanda, Estados Unidos, México y muchos otros países se realizan misas negras, espiritistas y otras reuniones relacionadas con el mal, tratando de lograr que los espíritus malignos invocados deambulen libremente en todo el mundo.

Reflexión

Conscientes de que todo lo relacionado con los brujos, muertos, magos, está en contra de cualquier religión monoteísta, y sabiendo que la Víspera de Todos los Santos es una costumbre «importada» de naciones que adoraban más al demonio que a los dioses, hay gente que no entiende el entusiasmo por esta fiesta.

EL ABUELO

La visión profética del «abuelo»

En los años veinte, un hombre sabio apache tuvo una visión después de la cual realizó cuatro profecías que predijeron la muerte y destrucción de la Humanidad, a menos que nosotros incorporásemos un nuevo espíritu en nuestras vidas diarias.

Dos de estas profecías ya se pueden haber hecho realidad.

Sabemos que muchas personas pueden predecir el futuro, pero ninguno consigue que se muestren correctamente cronometradas. El «abuelo» era un hombre sabio apache y se acercó numerosas veces hasta el lobo que crecía fuera de la influencia del hombre blanco. Sus muchas predicciones no sólo se hicieron realidad de la manera que él predijo, sino también cuando él predijo.

Tom Brown Jr. aprendió mucho del abuelo durante veinte años, y su primera reunión tuvo lugar cuando Tom contaba siete años. Acercándose furtivamente al lobo con el abuelo llegaron a hacerse grandes amigos. Los textos siguientes del libro de Tom *La demanda* cuentan las predicciones del abuelo para toda la Humanidad.

Mirando atrás, se pueden ver claramente las profecías de ese abuelo, y más que cualquier otra persona-profeta, líder religioso o psicólogo, las profecías del abuelo se hicieron realidad exactamente en el momento y lugar exacto en que fueron profetizadas.

El abuelo podía predecir el futuro con tremenda exactitud. No sólo pudo decir día, semana o año, sino que con la misma exactitud pudo predecir los posibles acontecimientos durante diez años y más. Se recibieron del abuelo cientos de predicciones personales, menores, y más de la mitad se han hecho realidad posteriormente. Junto con las profecías personales menores hay una lista de 103 predicciones mayores, de las cuales más de 65 se han confirmado, no sólo en el tiempo sino también en el orden exacto en el que se describió que pasarían.

«Si un hombre pudiera hacer las opciones correctas», dijo, *«entonces podría alterar significativamente el curso del posible futuro. Ningún hombre, entonces, debe sentirse insignificante, pues forma parte de una conciencia de la Humanidad a través de los espíritus. En cada ser, su pen-*

samiento influye en otro, después en otro, hasta que el pensamiento se hace manifiesto a lo largo de toda la Creación. Es el mismo pensamiento, la misma fuerza, lo que hace que una bandada entera de pájaros cambie simultáneamente su curso, pues la bandada es una sola mente.»

Entre todas las profecías personales y mayores que el abuelo predijo, hay cuatro que destacan sobre el resto. En estas cuatro habla sobre la destrucción del hombre y la vida en la Tierra, tal como nosotros lo conocemos ahora. También el abuelo dijo que nosotros podíamos cambiar las cosas, aun después de que las dos primeras profecías se hicieran realidad.

La «noche de las cuatro profecías» fue especialmente importante en su vida y se efectuó casi cinco años después del comienzo de su actividad como clarividente. Nuestra habilidad para entender las cosas del mundo de los espíritus es tan cierta como lo es nuestra habilidad para sobrevivir, aunque mucha gente se asusta de ello o prefiere negar lo que indican sus propios instintos. Los milagros forman parte de nuestra existencia cotidiana y el mismo abuelo era un milagro viviente, y muchas de las cosas que hizo, a veces inconscientemente, serían consideradas milagrosas por la mayoría.

Éste es el relato de aquella noche mágica:

«Nosotros habíamos estado haciendo una caminata todo el día sin apenas descansar, en busca de un lugar donde pudiésemos acampar, y lo encontramos finalmente encima de una pequeña colina que yo llamo ahora Colina de la Profecía. Era una marcha típica bajo un sol abrasador, caliente, húmedo y polvoriento, sin agua disponible a lo largo de nuestra ruta. Como de costumbre, tuvimos tiempo para detenernos frecuentemente o hacer viajes laterales para explorar varias áreas a lo largo de nuestra ruta. La aventura y exploración nos mantuvieron frescos y ávidos y mitigaron la fatiga, el calor y la sed.

Por el camino, el abuelo tuvo que detenerse varias veces, pero no para descansar sino para enseñarnos lecciones físicas de supervivencia y rastreo, de conocimiento, así como lecciones relativas al mundo de los espíritus. Frecuentemente nos hablaba sobre el futuro y, con la misma frecuencia, sobre el pasado cercano o distante.

En un momento dado nos detuvimos a lo largo del sendero del ciervo y seguimos al abuelo a través de una ruta pesada. Los árboles y arbustos eran muy diferentes a aquellos que habíamos dejado atrás, y pronto nos encontramos en un hogar viejo y un pequeño pueblo. Aunque los edificios eran muy antiguos y algunos estaban derruidos por la podredumbre, las plantas y árboles todavía llevaban marcadas las señales de una antigua civilización. Atravesando varias áreas muy espesas entramos en un bosquecillo de árboles muy altos, y pudimos ver o presentir cómo por sus ramas y troncos corría la savia, algo que solamente era posible imaginar en una selva. De hecho, el lugar entero parecía como una selva tan fuera de lugar como lo eran allí el pino, el roble y el arándano. Cuando nos sentamos, un sentimiento espiritual más profundo de conocimiento se apoderó de nosotros, y entonces vi las lápidas sepulcrales.

Era un lugar muy antiguo y probablemente un cementerio durante mucho tiempo olvidado, posiblemente perteneciente al pueblo que había estado allí antes. Las piedras eran viejas y, aunque había señales de tumbas y lugares de culto, ahora no había nada correcto. Las plantas y arbustos habían tapado parcialmente muchas de las piedras, y apenas se podían leer las inscripciones grabadas en ellas. El proceso de desgaste se había llevado muchos de los nombres y fechas y los mostraba escasamente leíbles.

Pronto nos invadió el temor y la humillación en este lugar de muerte, pero, al mismo tiempo, nos quedamos asombrados de ver al abuelo tan alegre y vital. Según recuerdo, ninguno de nosotros había estado allí antes, ni el abuelo había hablado alguna vez de este cementerio. Por alguna razón, él parecía sentirse atraído por aquel lugar y presentía que allí se encontraba algún nivel espiritual inadvertido, por lo menos desconocido para nosotros. Yo sospecho ahora, cuando todo ha pasado, que él sabía que ese día sería una lección muy provechosa para todos.

Pronto caminó encima de una lápida sepulcral que estaba parcialmente oculta por unas matas de uvas y que suavemente apartó. Después de unos momentos, nos indicó con la mano que nos acercáramos. Allí pudimos ver el nombre grabado en una de las tumbas, con una fecha en la cual decía que tenía doce años de edad.

El abuelo se preguntó: "¿Quiénes eran estas personas? ¿Quién era este muchacho? ¿En qué trabajaron y cuáles eran sus esperanzas, sueños y visiones? ¿Trabajaron sólo físicamente o trabajaron por cosas más allá de la carne, para un fin importante? ¿Estaban preocupados por los espíritus, trabajaron realmente para mejorar sus habilidades y el futuro de sus nietos, o no hicieron nada para dejar huella? ¿Eran felices, alegres y llenos de vida espiritual, o llevaron simplemente una vida de trabajo y mediocridad? ¿Vivió este muchacho cerca de la tierra y el Creador, o malgastó su juventud, su sentido de aventura sin esforzarse? Este muchacho tiene exactamente tu edad, y sospecho que tenía esperanzas y sueños igual que los tuyos. Pero éste es su legado y queda en una tumba olvidada."

"Pero, abuelo", le dije, "¿no es bastante con estar contento y vivir la vida totalmente?"

Después de un largo silencio, el abuelo contestó: "No es bastante ser un hombre simplemente y estar contento con la carne y la materia, sino que también hay que estar contento y alegre en espíritu. Sin felicidad espiritual la vida es poco profunda. Sin buscar las cosas del espíritu, la vida es mitad vivida y vacía. Pero para mejorar la vida espiritual no quiero decir que debamos dedicar una hora de un día a la semana para el culto religioso, pues eso no es cultivar el espíritu. Lo que yo pregunto es: ¿Qué hicieron estas personas para buscar el esclarecimiento espiritual? ¿Cedieron simplemente ante una vida que estaba centrada en el trabajo? El resultado es que en pocos años nos olvidamos de las tumbas y de las personas que están enterradas en ellas."

Nosotros dejamos el cementerio sin decir una palabra más y volvimos al campamento en la colina. Cuando llegamos había refrescado y el sol estaba ya oculto, por lo que decidimos abrigarnos, encender fuego y comer. El tiempo parecía volar y mi mente se concentró en todo aquello que habíamos hablado y pensado en el cementerio. Me pregunté cuánto me parecía a ese muchacho anónimo y olvidado de la tumba. ¿Estaba buscando yo simplemente la carne y no estaba trabajando duro por otras cuestiones del espíritu?

Entonces comprendí las lecciones más profundas que mi abuelo estaba intentando enseñarme. Comprendí entonces que **debo vivir la vida como si fuera a morirme mañana**, pues eso es lo que pasó a ese muchacho joven. Nadie puede estar seguro de que existirá el mañana en su vida, por lo que debemos vivir cada día totalmente, en carne y por supuesto en espíritu.

Después me senté cerca del fuego y me relajé, todavía inmerso en el pensamiento sobre el muchacho en el cementerio. El abuelo estaba sentado al extremo lejano del fuego, con los ojos cerrados, pero yo sospechaba que no estaba durmiendo. Con la luz del fuego, sus rasgos aparecían más como un espíritu que de carne. Calladamente, se acercó hasta nosotros y contestó a muchas preguntas que yo llevaba puestas en mi mente. En esos momentos, su habilidad para saber lo que había en mi mente era muy intensa, especialmente porque me hacía enfadar para que sacara todo mi interior.

"¿Has mirado alguna vez una bandada de gaviotas en la playa, cómo se acercan y fluyen con las mareas, comportándose como un organismo y no como una recolección de animales individuales, moviéndose juntas como una unidad a lo largo del oleaje? Cuando rompen a volar, su coherencia es aún más maravillosa y todas vuelan en una cierta dirección, y luego en un momento la bandada entera se volverá simultáneamente y tomará una nueva dirección".

"Si observas atentamente, no hay ni un solo pájaro que tome la decisión para volverse, pues parece ser un espíritu, una conciencia colectiva que atraviesa la bandada al instante. Cuando vemos a lo lejos la bandada parece un animal, un organismo, una conciencia, gobernada por la fuerza colectiva y el espíritu de todos los individuos. Es esta misma conciencia que atraviesa al hombre, la Naturaleza y la Tierra; lo que nosotros llamamos espíritus o la fuerza de vida."

"Yo sospecho", continuó, "que hay un pájaro que crea el pensamiento que llega a la bandada, y el pensamiento se manifiesta inmediatamente en todos ellos. El individuo trasciende su ego entonces y se vuelve uno con el todo. Así, en seguida, el pájaro se mueve dentro de la bandada y la bandada se mueve dentro del pájaro. Una persona, una idea, lo que uno piensa puede ser rechazado por la sociedad, pero ello no quiere decir que sea malo. No se trata de que no seamos diferentes y que nos integremos en la colectividad, como si fuéramos una bandada de pájaros, pues debe existir una importante diferencia entre nosotros. Precisamente **eso que nos hace diferentes a los demás es lo más importante.**"

"¿Para qué debemos buscar una vida que esté cerca del espíritu, si posiblemente ello no afectará al resultado de la vida?", le dije. Mi declaración era más una pregunta que una declaración.

"No es bastante", respondió, "sólo con buscar las cosas del espíritu a un nivel personal, pues ésta es una postura egoísta, y aquellos que sólo buscan los reinos espirituales para su propio y exclusivo beneficio no aportan nada a la conciencia del hombre. Estas personas que se afanan por mejorar su alma, convertidos en ermitaños, están escondiendo su responsabilidad y usando su sabiduría para su propia glorificación. El hombre espiritual debe trabajar para un principio, una causa, una demanda mayor que la glorificación de su ego."

Yo me solía sentar durante mucho tiempo en la quietud de la noche e intentaba entender desesperadamente lo que el abuelo me había dicho. Según entendía, no era bastante trabajar para el esclarecimiento espiritual personal, sino que había que trabajar para el esclarecimiento espiritual de toda la Humanidad. Solamente trabajar el ego, enclaustrados en nosotros mismos en busca de la plenitud espiritual, suponía eludir la responsabilidad. Lo que el abuelo estaba diciendo es que una persona espiritual debe tomar la sabiduría y filosofía de la Tierra y devolverla a la sociedad moderna.

El abuelo habló de nuevo:

"Intentar vivir una vida espiritual en la sociedad moderna es el camino más difícil que uno puede emprender. Es un camino de dolor, de aislamiento y de fe agitada, pero ésa es la única manera por la que nuestra visión puede volverse realidad. Así, la verdadera demanda en la vida es vivir la filosofía de la Tierra dentro de los confines del hombre. No hay ninguna iglesia o templo al que debamos acudir para buscar la paz, pues nuestros templos son el desierto. No hay ningún líder espiritual, pues solamente nuestros corazones y el Creador son los únicos líderes. La ciencia nos separa, lo mismo que los idiomas, pues hay gentes que prefieren hablar un lenguaje ininteligible para los demás. Por eso nosotros paseamos por el camino de la vida solos, pues cada visión, cada demanda, es única para el individuo. El problema es que debemos caminar dentro de la sociedad o nuestra visión se moriría.

No hubo ninguna otra conversación durante mucho tiempo. Yo me retiré a mis propios pensamientos y dudas. No quería vivir dentro de la sociedad, pues el desierto era mi casa, mi amor, mi vida y mi rapto espiritual. Ahora no podía ver por qué un hombre no deseaba vivir su visión en la pureza del desierto, lejos de las distracciones de la sociedad."

La voz del abuelo rompió mis pensamientos:

"La Tierra está llorando, aunque la destrucción del hombre es ínfima, solamente a él le afectará a largo plazo, y nosotros debemos realizar todo el trabajo para cambiar ese camino de destrucción. Debemos pagar por los pecados de nuestros abuelos y abuelas, porque hemos sido mucho tiempo una sociedad que mata a sus nietos. Es muy fácil vivir una vida espiritual lejos del hombre, pero la verdad sólo puede probarse y puede llegar a ser una realidad cuando vivimos cerca de la sociedad."

"¿Cómo sabe que estamos cerca de esa destrucción?", pregunté.

"He tenido una visión", dijo. "Era una visión de la destrucción del hombre. Pero al hombre se le dieron cuatro advertencias sobre esa destrucción y la oportunidad para cambiar sus maneras y otras dos para que al menos se salvaran los nuevos niños de la ira del Creador."

"¿Cómo puedo saber cuáles son estas advertencias, estas señales?", pregunté.

El abuelo continuó:

"Ello será obvio para ti y para aquellos que han aprendido a escuchar al espíritu de la Tierra; pero para aquellos que viven dentro de la carne y la buscan, no hay ninguna señal inteligente que puedan percibir. Cuando estas señales, estas advertencias y profecías se pongan de manifiesto, entonces entenderás la urgencia de lo que yo hablo. Entonces entenderás por qué las personas simplemente no deben trabajar para su propio beneficio espiritual y deben buscar la conciencia del hombre moderno."

LAS CUATRO SEÑALES

El abuelo había estado vagando durante varios años y estaba bien en los años cuarenta, cuando recibió la visión de las cuatro señales. Había terminado simplemente su tercera demanda de visión en la Cueva Eterna cuando la visión se hizo presente. En ese momento estaba sentado en la boca de la cueva y esperaba el Sol creciente, cuando el espíritu del guerrero se apareció ante él. Se sentía como si estuviera en alguna parte lejana, en un estado entre el sueño y la realidad, hasta que finalmente llegó el espíritu en forma de rayo y supo que no era su imaginación. El espíritu llamó por su nombre al abuelo y le pidió que le siguiera.

Cuando el abuelo estuvo de pie, se transportó de repente a otro mundo y, de nuevo, pensó que estaba soñando, pero sus carnes podían sentir la realidad de este lugar; sus sentidos supieron que éste era un estado de realidad abyecta, pero en otro tiempo y lugar.

El guerrero del espíritu habló al abuelo:

"Éstas son las cosas que van a venir y que marcarán la destrucción del hombre. Estas cosas que usted nunca podrá ver, pero debe trabajar para detenerlas y pasar estas advertencias a sus nietos. La entrega se efectuará poco a poco y avisarán de lo que vendrá si el hombre no regresa a la Tierra y empieza a obedecer las leyes de la Creación y al propio Creador. Hay cuatro señales, cuatro advertencias que sólo los niños de la Tierra entenderán. Cada advertencia marca el principio de un posible futuro, y cuando cada advertencia se vuelva realidad, también comenzará a marcar el futuro."

Con eso, el espíritu del guerrero se fue y el abuelo se quedó solo en este nuevo y extraño mundo.

LA PRIMERA SEÑAL

El mundo en el que estaba no se parecía a ninguno que conociera. Era un lugar seco con poca vegetación. En la distancia vio un pueblo, todavía cubierto de materiales propios de la Tierra. Cuando se acercó más al pueblo, el hedor de la muerte lo agobió y se puso enfermo. Pudo oír el llanto de los niños, el gemido de los mayores, y gritos de enfermedad y desesperación. Montones de cuerpos estaban tirados en hoyos abiertos esperando el entierro, con sus caras torcidas y cuerpos frágiles que cuentan una historia de muerte por inanición. Los cuerpos estaban esqueléticos, sin carne, y los niños, adultos y ancianos todos parecían igual, con la piel de color castaño oscuro y pelo gris ceniza. Cuando el abuelo entró en el pueblo, el horror de la inanición viviente lo golpeó más intensamente. Los niños apenas podían caminar, los ancianos estaban llorando, y por todas partes llegaban lamentos de dolor y miedo. El hedor de muerte y un gran sentido de desesperación agobió al abuelo y amenazaba con expulsarlo del pueblo.

En ese momento un anciano llegó hasta el abuelo y habló al principio en un idioma que no podía entender. El abuelo comprendió rápidamente, como si hubiera estado iluminado por un rayo, que era el espíritu de un hombre delgado, pero un hombre que había llevado una vida espiritual una vez, posiblemente un chamán de esta tribu. Entonces entendió lo que el viejo estaba intentando decirle.

Éstas son las palabras que dijo suavemente:
"Dé la bienvenida a lo que se llamará *la tierra de inanición*. Toda la Humanidad mirará un día con horror todo esto y culpará del hambre al tiempo y la Tierra. Ésta será la primera advertencia al mundo para que el hombre entienda que no puede vivir más allá de las leyes de la Creación, ni puede luchar contra la Naturaleza. Si el mundo ve que es culpable por pasar hambre, de esta inanición insensata, entonces aprenderá una gran lección. Pero yo tengo miedo de que el mundo no se culpará a sí mismo, y que efectuará el reproche a la Naturaleza. El mundo no verá que creó este lugar de muerte obligando a que las personas tuvieran familias mayores. Cuando las leyes naturales de la Tierra estén rotas, las personas tendrán hambre, y cuando la Naturaleza no proporcione comida en invierno la gente morirá rápidamente."

El viejo continuó:

"Algunas personas quedarán vivas, pues entendieron cómo vivir con la Tierra, y su riqueza era moderada en felicidad, amor y paz. Pero todos llegaron a esa conclusión cuando los bienes materiales eran más abundantes entre las personas. Sin dejarse engañar, vieron que el mundo les mostraba cómo cultivar y vivir de una manera menos primitiva, cerca de las leyes de la Creación y, como resultado, están ahora vivos cuando la mayoría han muerto."

El hombre viejo empezó a alejarse despacio, dejando atrás a la muerte y la desesperación. Él se volvió por última vez al abuelo, y dijo:

"Ésta será la primera señal. Vendrá antes la inanición y después nadie podrá ya vivir como antes. Los niños de la Tierra aprenderán las lecciones que hablan del dolor y la muerte, pero el mundo lo verá sólo como una época de sequía y hambre, y culpará a la Naturaleza en lugar de a sí mismo."

Con eso, el viejo desapareció, y el abuelo se encontró atrás, a la boca de la Cueva Eterna. Se puso a pensar en lo que había visto y oído y supo que había sido una visión del posible futuro y que el espíritu del guerrero se lo había traído para enseñarle lo que podría pasar. También se dio cuenta de que, aunque el mundo entero estuviera sobre aviso, no aprendería las lecciones que estaba tratando de enseñarles. Los niños se morirían en vano.

El abuelo estaba ahora fuera por la tierra yerma que rodeaba la Cueva Eterna. Intentaba restablecer la realidad de su "ahora", aunque dijo que todavía era difícil discernir entre despertarse a la realidad y salir del mundo de la visión, pero sentía que estaba regresando a su tiempo y lugar. Me dijo que la Cueva Eterna siempre era un lugar para encontrar visiones de probables futuros, y no era raro para el buscador tener una visión en la boca de la cueva, no sólo en el interior.

En un estado de agotamiento físico y emocional, el abuelo entró en un sueño profundo, pero cuando estaba en este sueño el espíritu del guerrero apareció de nuevo ante él y trajo el resto de la primera señal.

En su sueño, el espíritu habló de nuevo al abuelo:

"Habrá durante años hambre y será la primera señal, y después el hombre será atacado por una enfermedad, una enfermedad que barrerá la Tierra y aterrorizará las masas. Las chaquetas blancas (doctores y científicos) no tendrán ninguna respuesta para las personas, y un gran lamento se levantará por la Tierra. La enfermedad nacerá de los monos, las drogas y el sexo, destruyendo al hombre por dentro, empezando poco a poco y siendo después algo general. La Humanidad traerá esta enfermedad como resultado de su vida, de su culto al sexo y las drogas, y una vida lejos de la Naturaleza. Ésta, también, es una parte de la primera advertencia; pero, de nuevo, el hombre no considerará esta advertencia y continuará rindiendo culto a los dioses falsos."

El espíritu continuó:

"Las drogas producirán guerras en las ciudades, y las naciones se levantarán contra esas guerras, tratando de impedir esa matanza. Pero las naciones lucharán de mala manera y tratarán de curar el efecto en lugar de la causa. Nadie ganará estas guerras, ninguna nación, y solamente un cambio en sus valores mundanos conseguirá buenos resultados. Es entonces, en los años de la primera señal, cuando el hombre puede cambiar el curso del futuro si llega a entender las lecciones del hambre y la enfermedad. Habrá todavía esperanza, pero, una vez que la segunda señal de destrucción aparezca, la Tierra ya no puede sanarse en un nivel físico, y solamente la cura espiritual puede cambiar el curso de los futuros probables de la Humanidad."

Con eso, el espíritu del guerrero permitió que el abuelo cayera en un profundo sueño.

LA SEGUNDA SEÑAL

El abuelo se despertó una vez más a la entrada de la cueva, con la memoria del espíritu del guerrero todavía vívida en su mente, y las palabras del espíritu en su alma.

Cuando el abuelo miró el paisaje, todo había cambiado. Parecía más seco; no había ninguna vegetación a simple vista, y los animales estaban aturdidos. Un gran hedor de muerte se levantó de la tierra, y el polvo era espeso y asfixiante, con un intenso calor opresivo. En el cielo, el Sol parecía ser más grande y más intenso, aunque no podía verse ningún pájaro o nubes, y el aire todavía parecía más espeso. En ese momento el cielo parecía moverse y unos agujeros grandes empezaron a aparecer. Los agujeros rasgaron las nubes con un sonido estruendoso, y la misma Tierra se agitó.

La piel del cielo parecía estar rasgada como con una serie de heridas, y a través de ellas parecía rezumar un líquido infectado, un gran mar de basura flotante, aceite y pez muerto. Había terminado de mirar estas heridas cuando el abuelo vio los cuerpos flotantes de unos delfines, acompañado por tremendos levantamientos de la Tierra y tormentas violentas. Cuando vio temblar a la Tierra, sus ojos se apartaron del cielo, y supo que el desastre era inminente. Los montones de basura alcanzaron a los cielos, los bosques estaban con todos los árboles cortados, se inundaron los litorales y las tormentas crecieron más violentas y estruendosas. Con cada momento de paso, la Tierra se agitó con mayor intensidad y amenazaba rasgarse en ese momento.

De repente la Tierra dejó de agitarse y el cielo se aclaró. Fuera del aire polvoriento el espíritu del guerrero se mostró a corta distancia del abuelo y en su cara se pudieron ver grandes lágrimas que fluían de sus ojos, y cada lágrima se cayó a la Tierra con un sonido seco.

El espíritu miró al abuelo durante largo tiempo, hasta que finalmente cayó un rayo.

"Los agujeros en el cielo", le dijo.

Extrañado por este comentario, le preguntó:

"¿Los agujeros en el cielo?"

Y el espíritu contestó:

"Ellos serán la segunda señal de la destrucción del hombre. Los agujeros en el cielo y todo lo que usted ha visto podrían ser una realidad. Estarán aquí, al principio de esta segunda señal, cuando el hombre ya no pueda sanar la Tierra con acciones físicas. Están aquí para que el hombre los considere como una advertencia y trabaje más para cambiar el futuro. Pero no sólo debe trabajar físicamente, sino que también debe trabajar espiritualmente, a través de la oración, pues sólo a través de la oración puede esperar sanar a la Tierra."

Hubo una pausa larga cuando el abuelo se puso a pensar en la imposibilidad de cerrar los agujeros del cielo.

Ciertamente sabía que era un agujero espiritual, pero un agujero que las sociedades de la Tierra no podrían ver.
El espíritu se acercó y habló de nuevo, casi en un susurro.
"Estos agujeros son un resultado directo de la vida del hombre, su viaje, y de los pecados de sus abuelos y abuelas. Estos agujeros, la segunda señal, marcarán la matanza de sus nietos y se convertirán en un legado perpetuo en la Naturaleza. Estos agujeros son el inicio de una gran transición para la Humanidad y se presentarán como una opción para continuar siguiendo el camino de destrucción, o para retroceder a la filosofía de la Tierra y una existencia más simple. Ésta es una decisión que debe tomarse rápidamente, o todos se perderán."
Sin otra palabra, el espíritu se volvió y caminó atrás en el polvo.

LA TERCERA SEÑAL

El abuelo se quedó los cuatro días siguientes a la entrada de la cueva, aunque durante ese tiempo nadie le habló, ni siquiera la Tierra. Dijo que era un tiempo de gran dolor, de soledad, y un tiempo para digerir todo lo que había tenido lugar.
Supo que estas cosas no aparecerían en su ya corta vida, pero debían ser tenidas en cuenta por las nuevas generaciones e impulsar a los gobiernos para modificar el camino erróneo. Su problema era que no sabía cómo explicaría estos eventos improbables a cualquiera. Ciertamente los superiores y chamanes de las tribus lo entenderían, pero no la sociedad, ni cualquiera que estuviera alejado de la Tierra y el espíritu.
Permaneció sentado durante cuatro días completos, sin moverse, como si fuera de piedra, y su corazón se sentía pesado con la carga que llevaba ahora.

Estaba al final del cuarto día cuando tuvo la tercera visión. Cuando miró fijamente fuera, hacia el paisaje donde salía el Sol, el cielo se volvió de repente de aspecto líquido y se puso sangriento. Hasta donde sus ojos podían ver, el cielo era de color rojo intenso, sin variación en la sombra, textura o luz. Todo parecía mayor, como si esperasen alguna orden. El tiempo, lugar y destino parecían estar en el limbo, calmados por el cielo sangrante. Él miró fijamente durante mucho tiempo al cielo, en un estado de temor y terror, pues ese color rojo no le gustaba nada a pesar de ser parecido al del ocaso. El color parecía obra del hombre, no de la Naturaleza, y tenía un hedor vil. Parecía quemar la tierra dondequiera que la tocase. Cuando el ocaso llegó, las estrellas brillaron de un luminoso rojo, del mismo color que tenía el cielo, y por todas partes se oyeron lamentos de miedo y dolor.

De nuevo, el espíritu del guerrero se apareció al abuelo, pero ahora como una voz del cielo. Como el trueno, la voz agitó el paisaje:

"Ésta, entonces, es la tercera señal, la noche de las estrellas sangrantes. Se conocerá a lo largo del mundo, pues el cielo en todas las tierras será rojo con la sangre del cielo, día y noche. Es entonces, con esta señal sobre un futuro probable, cuando todavía hay esperanza. La vida en la Tierra tal como el hombre la ha vivido se acabará, y no puede haber ningún retroceso, físico ni espiritualmente. Es entonces, si no cambian las cosas durante la segunda señal, cuando el hombre sabrá ciertamente que la destrucción de la Tierra ha llegado. Los niños de la Tierra correrán como salvajes en busca de un escondite, pero cuando el cielo sangre fuego, no habrá seguridad en el mundo para nadie."

El abuelo escuchaba asustado y la voz continuó:

"Desde este tiempo, cuando las estrellas sangren, aparecerá una señal final, serán cuatro estaciones de paz (es decir, un año). En estas cuatro estaciones los niños de la Tierra deben vivir profundamente en los lugares salvajes y encontrar una nueva casa, cerca de la Tierra y el Creador. Solamente los niños de la Tierra sobrevivirán, y deben vivir la filosofía de la Tierra y nunca más volver al pensamiento del hombre. Sobrevivir no será bastante, pues los niños también deben vivir cerca del Espíritu, así que dígales que no duden cuando esta tercera señal se manifieste en las estrellas, pues disponen de cuatro estaciones para escapar."

El abuelo dijo que la voz y el cielo rojo perduraron durante una semana, y entonces se marchó tan rápidamente como se había manifestado.

LA CUARTA SEÑAL

Él no recordó cuántos días había estado en la boca de la cueva, ni encontró ninguna diferencia en el exterior desde que empezó a recibir las visiones. La noche final en la Cueva Eterna llegó con la cuarta visión, ahora mediante la voz de un niño pequeño.

El niño dijo:

"La cuarta y última señal aparecerá a través de los próximos diez inviernos (es decir, diez años), seguida de la noche en que las estrellas sangrarán. Durante este tiempo, la Tierra se sanará y el hombre morirá. Durante esos diez años, los niños de la Tierra deben permanecer ocultos en lugares salvajes, no deben acampar en ningún sitio permanente, y tienen que vagar para evitar el contacto con los últimos lugares en donde habitaron antes. Deben permanecer ocultos, como los exploradores antiguos, y luchar contra el impulso para remontarse a la destrucción del hombre. La curiosidad podría matar a muchos."

Hubo un largo silencio, hasta que el abuelo preguntó al espíritu del niño:

"¿Y qué pasará a los mundos del hombre?"

Se hizo otro período de silencio hasta que finalmente el niño habló de nuevo:

"Habrá gran hambre a lo largo del mundo, como el hombre no puede imaginar. Las aguas correrán fuerte, tanto como los venenos de los pecados del hombre corren ahora entre ellos. Las cosechas fallarán, los animales se morirán y la enfermedad matará a las masas. Los nietos se alimentarán con los restos de los muertos, y todo será lamentos de dolor y angustia. Habrá hombres que cazarán y darán muerte a otros hombres para quitarles la comida, y el agua siempre será escasa y se pondrá más escasa cada año. La tierra, el agua, el cielo, todo estará envenenado, y el hombre vivirá en la ira del Creador. Al principio se esconderá en las ciudades, pero allí morirá. Otros se irán al desierto, pero también serán destruidos, porque solamente era cuestión de tiempo. El hombre se destruirá, sus ciudades quedarán en ruinas, y entonces los nietos pagarán por los pecados de sus abuelos y abuelas."

"¿No hay esperanza entonces?", preguntó el abuelo.

El niño habló de nuevo:

"Hay que esperar sólo durante el tiempo de la primera y segunda señal. En la tercera señal, la noche sangrará, ya no hay espera, pues sólo los niños de la Tierra sobrevivirán. El hombre tendrá estas advertencias; si las desatiende, no puede haber esperanza, pues sólo los niños purgarán los cánceres de la Humanidad, del pensamiento destructivo. Serán los niños quienes traerán una nueva esperanza a la nueva sociedad y vivirán más cerca de la Tierra y el espíritu."

Entonces todos se quedaron callados, el paisaje aclaró y volvió a la normalidad, y el abuelo dejó de ver la visión. Agitado, dijo que había vagado por la próxima estación e intentaba entender todo lo que había visto y oído, especialmente la razón por la cual había sido escogido.

Luego me contó con todo detalle lo relacionado con la historia, durante esa noche, sobre las cuatro profecías. No creo que hubiera omitido ningún evento, pues sus emociones y pensamientos eran tales que los volvió a vivir realmente para nosotros. Así, el poder de su visión se volvió parte de nuestro espíritu, nuestra fuerza de impulso, y una gran parte de nuestros miedos.

Yo me quedé sentado durante mucho tiempo en la colina, con el fuego apagado, cuando todos se habían retirado a dormir durante la noche. La creación de nuevas visiones se había estancado y esperé durante gran parte de esa noche oscura que sucediera algo. Me sentía solo y vulnerable, como si toda la Creación me estuviera escudriñando cada pensamiento.»

EL FINAL:

Tom Brown, Jr. permaneció en su casa del desierto durante la mayoría de su vida. En 1978 escribió su primer libro, *El Perseguidor* (una autobiografía), y fundó la Escuela del Perseguidor, donde enseña cursos para desarrollar habilidades de supervivencia: cómo rastrear, conocimiento de la naturaleza y la filosofía de la Tierra antigua. Posteriormente ha escrito otros quince libros, entre ellos una *Guía de Campo*, *Supervivencia en el desierto*, así como *La Búsqueda*, *La Visión*, *La Demanda*, *La Jornada*, *El Abuelo* y *Despertando con los Espíritus*.

FIGURAS Y SÍMBOLOS

Ya hemos explicado que las visiones en la bola de cristal no suelen ser exactas y que hay que saber interpretarlas. Lo que veremos serán aproximaciones a la realidad y antes de efectuar una evaluación o dar un consejo hay que mirar varias veces la figura, teniendo la precaución de hacerlo muy rápidamente porque todo suele aparecer muy fugaz.

Éstos son los símbolos que aparecen con mayor frecuencia:

ÁNGELES O SERES DIVINOS

Indudablemente, sólo nos pueden hablar de buenaventuras, pues nunca aparecen para matarnos o provocarnos el mal. Su presencia es la de un protector a quien debemos pedir ayuda.

ANIMALES

Los animales salvajes son buen síntoma, pues nos anuncian prosperidad gracias a nuestra iniciativa. Está próxima una etapa en la vida de ascenso social, prestigio y popularidad, aunque también nos advierten que a nuestro alrededor giran muchas personas que tratarán de ponernos la zancadilla. Hay que tener en cuenta que solamente se envidia al poderoso y a la persona feliz.

Si vemos perros, también es un buen augurio, pues antiguamente este animal estaba ligado a los dioses. Nos indica que quienes nos rodean son fieles a nosotros y que podemos confiar en ellos. También nos podrán servir de guía y de protección. Si teníamos dudas sobre nuestra pareja sentimental y está representada por el perro, podemos fiarnos totalmente de ella.

ÁRBOLES

Es un elemento amplio, complejo, que indica un ciclo de la vida, desde el nacimiento a la muerte. Su visión nos indica nuestra condición de mortales y nos advierte que debemos aprovechar el tiempo disponible. También puede ser un indicativo de que debemos prestar más atención a los hijos y a cualquier familiar que necesite nuestra ayuda.

Un árbol deberemos verlo también en sentido literal, pues no es lo mismo en primavera que en otoño o invierno. Su estado nos indicará el momento que estamos atravesando en la vida.

CARTA

Las noticias desagradables siempre llegan en misivas cortas, mientras que las buenas suelen ir acompañadas de grandes textos y hasta fotografías. Si se puede leer el texto, las buenas noticias están a punto de llegar, pero desconfíe si las letras están borrosas.

CORAZÓN

Nuestros sentimientos parten de este lugar tan ensangrentado, aunque los científicos se empeñen en decir que el centro de las emociones es el cerebro. Pero cuando tenemos un disgusto nos duele el corazón, si recibimos una sorpresa nos da un vuelco, y si nos dejan de amar nos rompen el corazón.

Normalmente, ver un corazón en la bola de cristal indica que se aproxima una época de felicidad y placer, no solamente sentimentales, sino igualmente económicos. Puede ser síntoma de mal presagio si lo vemos rodeado de espinas.

CRUZ

Si la vemos resplandeciente, es señal de estar en el buen camino, pero si está oscura o destrozada la desgracia nos rodea y nos acecha. Pero no se preocupe, pues el destino no está escrito y se puede luchar para que todo salga bien, siempre y cuando estemos prevenidos.

DINERO

Nos avisa de posibles contratos, incluso matrimoniales, y de transacciones comerciales o pagos a Hacienda.

HOGAR

Encontrarse dentro de una casa propia es síntoma de necesidad de replegarnos, de enriquecer nuestra vida interior. Según el lugar en el cual nos veamos así será la advertencia, y habrá que distinguir especialmente entre el sótano, la cocina o el dormitorio. También puede indicar que debemos formar una sociedad laboral o un aviso para que seamos prudentes con las asociaciones.

LUNA

El astro de la noche ilumina siempre nuestro camino, nos ayuda a sentir la presencia del Creador y nos hace soñar con aventuras y romances imposibles. No obstante, sepa que también el hombre lobo, las brujas y los espíritus gustan de salir con la luna llena, así que tenga cuidado con el mundo que lo rodea, con los celos y las peleas sentimentales, pues pueden degenerar en algo grave.

MONTAÑAS

Muchas de ellas son inaccesibles y otras invitan a la soledad, pero de cualquier modo son síntoma de fortaleza y de seguridad. Allí moran los dioses y Moisés recibió las Tablas de la Ley, pero si están con tormentas o muy oscuras, nuestros enemigos están ya muy cerca.

MUJERES

Para los varones suponen una dualidad: ellas nos matan y sin ellas nos morimos; nos aman y nos parten el corazón. Para las mujeres suponen la compañía y la competencia, así que antes de interpretar las visiones deberemos repasar qué papel juegan las mujeres que nos rodean.

NIÑOS

Su presencia, juegos y risas, siempre es motivo de alegría, así que esté feliz por lo que está por llegar. Si está casado es posible que le llegue nueva descendencia, pero sepa que todo irá bien.

PÁJAROS

Aquí hay de todo, pues un pájaro nos indica observación y ciencia, cambio y purificación, además de una buena etapa de progreso espiritual. Su presencia nos indica que todos nuestros problemas tendrán pronto solución.

El buitre, sin embargo, representa lo que todos sabemos: usura, afán de robar, de quedarse con lo que no es suyo y de hacer leña del árbol caído. Si lo relacionamos con un amigo o compañero, mejor nos ponemos en guardia, lo mismo que si se trata de un vecino. La envidia y los deseos de engañarnos y estafarnos nos rodean, así que hay que estar alertas.

La gaviota nos habla de lo obvio, de viajes en el mar o rumbo a ultramar. Iremos pronto a países lejanos por motivos posiblemente de trabajo.

ROPA

Indica posibilidades de cambio, aunque si la ropa está sucia o rota puede ser mal síntoma, incluso de fallecimiento o, cuando menos, problemas y disgustos.

SOL

El sol nos ilumina, nos calienta y nos da la vida, pero también nos recuerda que el calor excesivo quema y que después de él llegará la noche. Si tenemos a nuestro padre alrededor es el momento de pedirle ayuda, a no ser que seamos nosotros a quienes nos corresponda otorgarla. Sepa que, aunque la misión de los padres es cuidar a los hijos, con los años esto se invierte y es a nosotros a quienes corresponde cuidar.

Un sol oscurecido nos indicará mala salud y enfermedades graves, por lo que es el momento de cuidar nuestra salud.

PERSONAJES IMPORTANTES

Maitreya

Lo han esperado durante generaciones en todas las religiones mayores. Los cristianos lo conocen como Cristo, y esperan su retorno inminente. Los judíos lo esperan como el Mesías; los hindúes buscan la venida de Krishna; los budistas lo esperan como Maitreya Buddha, y los musulmanes lo anticipan como el Imán Mahdi o Mesías.

Aunque los nombres son diferentes, muchos creen que todos se refieren al mismo individuo: el Maestro Mundial, cuyo nombre personal es Maitreya.

Prefiriendo simplemente ser conocido como el Maestro, Maitreya no ha venido como un líder religioso, o para fundar una nueva religión, sino como un maestro y guía para las personas de cada religión y para quienes no siguen aún una creencia mística.

En este momento de gran crisis política, económica y social, Maitreya inspirará a la Humanidad para que se convierta en una gran familia y cree una civilización basada en compartir la justicia económica y social, y la cooperación global.

Lanzará una llamada a la acción para evitar los millones de personas que pasan hambre y que mueren por ello en un mundo de abundancia. Entre las recomendaciones de Maitreya para el cambio estarán las prioridades sociales para que se suministre una comida adecuada, alojamiento, vestidos, educación y cuidados médicos, como derechos universales.

Bajo la inspiración de Maitreya, la Humanidad hará los cambios requeridos y creará un mundo más sensato y más justo para todos.

Las profecías Hopi

Los Hopi son una tribu de Norteamérica y Thomas Banyacya era uno de los cuatro líderes espirituales Hopi seleccionados por los Superiores Tradicionales en 1948 para divulgar las profecías Hopi por el mundo. Medio siglo después, con un solo mensajero Hopi sobreviviente, Banyacya unió a otras nueve personas indígenas para hablar ante la Asamblea General de las Naciones Unidas y advertirles que sus profecías indicaban que esta civilización había ocasionado cambios bruscos en la naturaleza y el planeta.

«Hopi en nuestro idioma —dijo— quiere decir una persona pacífica, discreta, respetuosa y verdadera. Nosotros hicimos un sagrado convenio en el cual estaba incluida la responsabilidad sobre el cuidado de la tierra y sus formas de vida a Masawa, el Gran Espíritu. Nuestra meta es rezar y promover el bienestar de todos los seres vivientes y conservar el mundo de una manera natural.»

El líder de Hopi dijo que las profecías indican que el mundo está en sus «días finales». Exigió que se hiciera una investigación para detener la destrucción de las gentes nativas, sus hogares y patrias, advirtiendo del daño por estropear la naturaleza y profanar los sagrados sitios. Banyacya hizo hincapié en que los Hopi se concentraran en las cuatro esquinas de los Estados Unidos, especialmente en el sudoeste, en un sagrado sitio con el propósito especial de asegurar la supervivencia del futuro de la Humanidad.

«Debe quedarse en su estado natural, y tiene que ser misión de las naciones y sus habitantes cuidarlo. Depende de todos nosotros, como hijos de la Madre Tierra, limpiar este enredo antes de que sea demasiado tarde.»

En este momento, Banyacya invocó las profecías de Hopi sobre las consecuencias de no hacer realidad el equilibrio entre la naturaleza y el espíritu. Diluvios, terremotos, extinción de animales y pájaros, cambios climáticos, tormentas de granizo y muchos huracanes perjudiciales, aseguró, serán las voces fuertes que avisarán. Después habrá intensas lluvias, vientos fuertes, mucho más catastróficos que en toda la historia, quedando las carreteras cerradas, y el subsuelo de la ONU inundado, sin calefacción y aire acondicionado.

Las personas nativas que asistieron a la Asamblea General consideraron que ahora hay eventos coincidentes y Thomas Banyacya llamó a todos los participantes, incluso a los oficiales de la ONU, para que formasen un gran círculo en un acto simbólico de oración.

Las lápidas de Hopi

Está claro que el nuevo milenio parece coincidir con los tiempos proféticos de muchas de las religiones más viejas de la Tierra. El calendario maya marca el fin del tiempo justo unos años más tarde y muchos americanos nativos lo describen como el comienzo entre el paso de una era a otra. En algunas creencias esto se considera el paso del cuarto al quinto aro, mientras que en la tradición hopi, el movimiento será del cuarto al quinto «mundo».

Una exploración interesante de las profecías de Hopi es proporcionada por Thomas O. Mills, miembro de una familia que creció en la reserva de los hopi de Arizona. Cuando era joven, ayudó a su madre a construir lo que luego sería la Oficina de la Preservación Cultural. En su libro *La verdad*, Mills revela que escribió el libro porque quiere lograr que más personas sepan sobre las profecías de Hopi. Su mensaje implica que hay algo del espíritu divino en estas profecías que quieren impedir la catástrofe humana antes de que sea demasiado tarde.

Mills explica las historias de la creación de los hopi, así como las tres eras de la Humanidad anteriores, cada una con una caída para dar paso a la otra. Nosotros estamos ahora al final del «cuarto mundo», balanceándose para dar entrada al «quinto mundo». Cada mundo anterior ha sido tumbado por alguna catástrofe, como la edad del hielo, o la incapacidad para hablar y usar el idioma. Conforme los hopi profetizan, nosotros estamos a punto de entrar en el quinto mundo, que naturalmente implica una cuarta e inminente catástrofe mundial.

¿Cuál será nuestra desgracia en este tiempo? ¿Podemos evitarla? Los hopi han tenido las respuestas en sus tradiciones y religión como si fueran un virus latente. Cuando el tiempo esté maduro, se revelarán mediante simbolismos y metáforas de problemas complejos con respecto a la naturaleza, la creación y la supervivencia humana.

Mills proporciona numerosas traducciones de *El libro de los hopi* y ha realizado un buen trabajo sobre cómo explicar estos acontecimientos con sus propias palabras. Es raro que una persona pueda entender tales complejidades cuando ni siquiera tiene la habilidad de saber hablar el idioma hopi. Quizá lo más interesante de todo lo que Mills describe sea una colección de lápidas que quedaban por Masawa, en una zona al sudoeste del desierto americano, al que los hopi describen como su entrada al cuarto mundo. Mills explica cómo los hopi fueron allí para fundirse con el planeta y muestra muchas similitudes interesantes entre los conceptos y representaciones de las deidades de los hopi y las del antiguo Egipto. Ahora tiene una inteligente y bien ilustrada teoría que demuestra que las pirámides egipcias y los templos circundantes forman grandes mensajes simbólicos que refuerzan y subrayan la transición inminente al quinto mundo.

Mills asegura que las pirámides de piedras gigantes funcionaron para equilibrar un planeta inestable. Como los contrapesos equilibran a un neumático, el posicionamiento cuidadoso de estas estructuras puede influir en el eje del planeta. Aunque las pirámides son diminutas con respecto a la Tierra, el mecanismo es el resultado del conocimiento casi excelente de unos humanos sobre la Naturaleza. Sus ilustraciones de murales egipcios de más de cuatro milenios parecen reforzar sus teorías y su lectura permite contemplar la importancia de estas revelaciones.

Las ilustraciones de las lápidas de Hopi que se dieron en el antiguo Masawa, cuentan muchas historias, pues se trata de piedras especiales imposibles de encontrar en América, piedras de marfil con jeroglíficos grabados en ellas con figuras extrañas, similares a los tallados en los templos del Egipto antiguo.

Figuras de hombres acéfalos, esvásticas y serpientes, con alegorías al fuego. Allí se describe también cuando Masawa le dio la piedra al Hopi, y este pedazo se dio al Hermano Blanco como prueba de que él podría volver y unirse en las ceremonias y completar así el ciclo. Esto llevaría finalmente a lograr el paraíso en la Tierra, completado con canciones jubilosas al Creador, y el vaticinio de abundantes lluvias para las cosechas.

Una de las lápidas que Masawa dio al Clan del Fuego era muy pequeña, aproximadamente de cuatro pulgadas, con zonas oscuras y coloreadas, y un pedazo roto en una esquina. En uno de los lados llevaba marcados varios símbolos, y en el otro la figura de un hombre sin cabeza. Masawa era la deidad del Clan de Fuego, y él les dio esta lápida sólo antes de que pusiera su cara en ellas y se hiciera invisible, para que tuvieran un registro de sus palabras.

Esto es lo que él dijo, tal como está escrito en la lápida:
«Después de que el Clan de Fuego haya emigrado a su casa permanente, llegarán ciertas personas extrañas que los obligarán a que desarrollen su tierra y vidas según los dictados de un nuevo gobernante, siendo tratados como delincuentes y castigados. Pero no podrán resistirse y deberán esperar por la persona que los liberará. Esta persona es su hermano blanco perdido, Pana, que volverá a ellos con el pedazo de la esquina perdido de la lápida, y logrará una nueva y universal hermandad del hombre. Pero, advertido Masawa, si su líder aceptara cualquier otra religión, deberá cortarle la cabeza y esto dispersará el mal y salvará a sus gentes.»

George Washington

Según dicen los textos, George Washington era un hombre de oración. Todos han leído cómo él fue al bosquecillo muchas veces para orar durante el invierno en que su ejército estaba peleando, aunque, sin embargo, se ha dado poca publicidad a la visión y profecía que recibió en ese momento.

La historia de esta visión fue divulgada en 1859 por un viejo soldado, quien se la dio al escritor Wesley Bradshaw, que la publicó. En la visión, Dios reveló a George Washington que tres grandes peligros llegarían a la República y que América estaba pasando por el primer peligro en ese momento. El viejo soldado que contó la historia de la visión dijo que la nación vería pronto el segundo peligro descendiendo a la Tierra.

La historia que se describe aquí se reimprimió en los Estados Unidos en diciembre de 1880 y nuevamente el 21 de diciembre de 1950. Aquí está el informe de este mensaje celestial fenomenal, mucho más importante para nosotros en esta hora. Wesley Bradshaw escribió:

«La última vez que yo vi en la vida a Anthony Sherman fue en julio de 1859. Él tenía entonces noventa y nueve años, y estaba muy débil. Pero aunque era tan viejo, sus ojos oscurecidos volvieron a encenderse cuando miró fijamente al Independence Hall, que visitaba una vez más.»

El mensaje

«Entremos juntos en el Hall —dijo—, quiero contarle una historia de George Washington que ninguna otra persona sabe excepto yo, y si usted vive, verá que todo se verifica. Escriba la predicción, pues así la comprobará:
Desde el comienzo de la Revolución nosotros experimentamos todas las fases de la fortuna, ahora buena y ahora mala; un tiempo victorioso y otro de derrota. El período más oscuro que teníamos, pienso, fue cuando Washington, después de varias derrotas, se retiró a Forge Valley, donde se preparó para pasar el invierno de 1777. ¡Ah! Yo he visto a menudo el curso de las lágrimas por las mejillas de nuestro estimado comandante, cuando estaba conversando con un funcionario confidencial sobre el estado de sus pobres soldados. Usted ha oído indudablemente la historia de Washington yendo al bosquecillo para orar. Bien, no sólo era verdad, sino que acostumbraba a menudo a orar en secreto para pedir ayuda y consuelo.
Un día, lo recuerdo bien, los vientos silbaron a través de los árboles deshojados, aunque el cielo estaba sin nubes y el sol brillaba intensamente. Él permanecía en su cuarto casi todas las tardes, solo, pero cuando salió de allí noté que su cara estaba más pálida que lo habitual, y

parecía tener algo en su mente de suma importancia. Pronto despachó a un ordenanza que estaba presente y, después de una conversación preliminar de una media hora, Washington, que miraba fijamente a su compañero con esa mirada extraña de dignidad que él solo podía tener, dijo:

Un invitado gratuito

Yo no sé si se debe a la ansiedad de mi mente, o a qué, pero esta tarde, cuando estaba sentado en esta mesa preparando una expedición, algo en el apartamento pareció perturbarme. Buscando, miré en la dirección opuesta a la que estaba y vi un ser hermoso. Me quedé muy sorprendido, pues había dado órdenes estrictas de no ser perturbado durante algún tiempo, pero le pregunté quién era, pregunta que efectué en varios idiomas ante su silencio. Una segunda, una tercera, e incluso una cuarta vez le repetí la pregunta, pero no recibí ninguna respuesta de mi visitante misterioso, excepto una subida ligera de los ojos. Durante ese tiempo yo sentía sensaciones extrañas que se extendían por mi cuerpo, mientras la mirada de ese ser permanecía clavada en mí. Yo intenté una vez más hablar, pero mi lengua se había quedado inútil, como si estuviera paralizada. Una nueva influencia, misteriosa, potente, irresistible, tomó posesión de mí. Lo único que podía hacer era mirar fijamente, firmemente, a mi visitante desconocido.

Gradualmente, la atmósfera circundante pareció llenarse de sensaciones y se hizo luminosa. Todo sobre mí parecía raro, el visitante misterioso también se hizo más claro y era distinto a mi vista. Empecé a sentirme con tristeza, o más bien a experimentar las sensaciones que a veces he imaginado acompañan a la muerte. No pensé, no razoné, no me moví, pues todo era igualmente imposible. Estaba sólo consciente de mirar fijamente, vagamente, a esa persona.

El primer gran peligro

En ese momento oí una voz que decía: "Hijo de la República, escuche y aprenda", mientras al mismo tiempo mi visitante extendía un brazo hacia el este. Vi un humo intensamente blanco a poca distancia en el exterior. Se fue disipando gradualmente y apareció una escena extraña. Ante mí estaban, extendidos fuera en una inmensa llanura, todos los países del mundo: Europa, Asia, África y América. Vi flotando y moviéndose entre Europa y América las olas del Atlántico, y entre Asia y América el Pacífico. "Hijo de la República", dijo la misma voz misteriosa como antes, "mire y aprenda." En ese momento vi una zona oscura, en la cual un ser como un ángel estaba de pie, o flotando más bien en medio del aire, entre Europa y América. El agua del océano le mojaba en la hondonada de cada mano, y él salpicó a América con su mano derecha, mientras con su izquierda lo hacía encima de Europa. Inmediatamente una nube se levantó en estos países, y los unió en medio del océano. Durante un rato todo permaneció quieto, y entonces el ser se movió lentamente al oeste, hasta que envolvió a América en sus pliegues oscuros. Las llamaradas afiladas de un relámpago brillaron a través de él a intervalos, y oí los gemidos sofocados y lamentos de los americanos.

Segundo gran peligro

Un segundo tiempo después el ángel se zambulló en el agua del océano y salpicó fuera como antes. La nube oscura regresó entonces arrastrando con ella al océano y ocasionándose un gran movimiento de las olas. Un tercer tiempo oí la voz misteriosa que decía: "Hijo de la República, mire y aprenda." Yo puse mis ojos en América y miré los pueblos y ciudades que peleaban uno contra otro.

De nuevo, oí que la voz misteriosa decía: "Hijo de la República, mire y aprenda." Y en ese momento el ángel oscuro volvió su cara hacia el sur. De África vi la llegada de un espectro de mal agüero hasta nuestra tierra. Él se movía despacio y pesadamente encima de cada pueblo y ciudad. Los habitantes se enzarzaron en una serie de batallas contra nosotros y cuando continué mirando vi un ángel luminoso en cuya frente descansaba una corona de luz en la cual se podía leer la palabra "UNIÓN". Llevaba la bandera americana y la puso entre las naciones divididas y dijo: "Recuerde, ellos son hermanos."

Al instante, los habitantes dejaron sus armas y se hicieron amigos una vez más y se unieron alrededor de un acuerdo nacional. De nuevo oí la voz que decía, misteriosa: "Hijo de la República, mire y aprenda." En la oscuridad, el ángel oscuro puso una trompeta en su boca y ocasionó tres explosiones distintas; y tomando agua del océano, salpicó en Europa, Asia y África.

Tercero y más peligroso aviso

Entonces mis ojos vieron una escena temerosa. De cada uno de estos continentes brotaron nubes negras espesas que se unieron pronto en una sola y a lo largo de esta masa brilló una luz roja oscura por la que vi hordas de hombres armados. Estos hombres se movían con la nube y marchaban por tierra y navegado por mar a América, país envuelto en el volumen de la nube. Vi también estos inmensos ejércitos devastar el país entero y quemar los pueblos y ciudades que yo había visto anteriormente. Cuando mis oídos escucharon el tronar de los cañones y el sonido de las espadas, los gritos y lamentos de millones de personas en combate mortal inundaron el ambiente, y oí la voz misteriosa que decía de nuevo: "Hijo de la República, mire y aprenda." Cuando la voz hubo cesado, el ángel oscuro puso su trompeta una vez más en su boca, y se escuchó una explosión larga y temerosa.

El cielo interviene

Al instante, una luz procedente de mil soles brillantes llegó hasta mí, y agujereó e irrumpió en los fragmentos de la nube oscura que envolvía América. En el mismo momento vi al ángel que todavía mostraba en su cabeza la palabra UNIÓN, y que figura en nuestra bandera nacional en una mano, y una espada en la otra, descender de los cielos asistido por legiones de espíritus blancos. Éstos se unieron inmediatamente a los habitantes de América para infundirles nuevo valor, cerraron sus líneas rotas y renovaron la batalla. De nuevo, en medio del ruido temeroso del conflicto, oí la voz que decía misteriosa: "Hijo de la República, mire y aprenda." Con la voz cesó la presencia del ángel oscuro, que se zambulló en el agua del océano y salpicó a América. Al instante la nube oscura desapareció, junto con los ejércitos que había traído y dejó a los habitantes de la tierra victoriosos.

Entonces, una vez más, vi los pueblos y ciudades que seguían donde yo los había visto antes, mientras el ángel luminoso, envuelto en una nube azul celeste que había traído con él, decía con una voz fuerte: "Mientras las estrellas permanezcan, y el cielo envíe abajo el rocío a la tierra, así debe prolongarse la UNIÓN." Y tomando de su frente la corona en que estaba escrita la palabra UNIÓN, la puso en las normas mientras las personas, arrodillándose, dijeron "Amén".

La interpretación

La escena empezó a marchitarse y disolverse al instante, y por fin vi la subida del vapor rizado que había visto al principio. Esto también desapareció, y me encontré mirando fijamente una vez más al visitante misterioso que, con la misma voz que había oído antes, dijo: "Hijo de la República, lo que usted ha visto se interpreta así:

Tres grandes peligros descubrirán la República. El más temeroso para ella es el tercero, pero el mundo entero unido no prevalecerá contra ella. Permita a cada niño de la República aprender a vivir para su Dios, su tierra y UNIÓN.

Con estas palabras la visión desapareció, y me quedé en mi asiento, pues sentía que había visto una visión que había mostrado el nacimiento, el progreso y destino de los Estados Unidos.

"Tales son, mis amigos", concluyó el narrador, "las palabras que oí de los propios labios de Washington, y América hará bien en tenerlas en cuenta".»

Edgar Cayce (1877-1945)

Edgar Cayce era llamado «El Profeta Durmiente» y, en la mayor parte de su vida de adulto, pudo proporcionar visiones intuitivas para casi cualquier pregunta imaginable. Cuando las personas se acercaban a hacerle alguna pregunta, él se ponía en un estado de sueño inducido y mientras estaba así podía responder virtualmente a cualquier pregunta. Sus contestaciones han llegado a ser llamadas «lecturas» y hoy sus lecturas psíquicas constituyen uno de los mayores y extraordinarios archivos de información intuitiva sobre cuestiones esotéricas.

Cayce nació en una granja cerca de Hopkinsville, Kentucky. A una edad temprana dio pruebas de su talento en ciernes, pues podía dominar sus lecciones escolares durmiendo en sus libros. A los veintiún años de edad desarrolló una parálisis de garganta gradual que amenazó con hacerle perder la voz. Cuando los doctores fueron incapaces de encontrar la causa de su enfermedad, Cayce entró en el mismo sueño hipnótico que le había permitido aprender hace años las lecciones escolares. En ese estado, pudo recomendar una cura que con éxito reparó sus músculos de la garganta y recuperó la voz. Pronto descubrió que podía hacer lo mismo para otros.

Durante muchos años la información versó principalmente sobre problemas médicos, aunque posteriormente el alcance de sus lecturas se extendió para incluir temas como meditación, sueños, reencarnación y profecías. Las transcripciones han mantenido la base de más de trescientos libros populares sobre el trabajo de Cayce y ahora existe una asociación, la A.R.E., que investiga los trabajos de Cayce.

Las teorías de Cayce en estos tiempos son muy acertadas y muestran un mayor cambio global en 1998. Él averiguó que la Esfinge se había construido en el 10500 a.C. y que los sobrevivientes de la Atlántida se habían ocultado después de la destrucción de su ciudad, para evitar que toda la sabiduría de su civilización perdida y la verdadera historia de la raza humana se divulgara. Cayce profetizó que estos archivos se redescubrirían y se abrirían entre 1996 y 1998, al mismo tiempo que anunciaba la segunda venida de Cristo.

Edgar Cayce escribió más de 14.000 relatos entre los años 1901 y 1945, que comprenden más de 10.000 temas, y entre ellos encauzó la historia de las civilizaciones de la prehistoria, específicamente la Atlántida y su influencia en otras culturas existentes en el momento.

Sobre Jesús, la Atlántida y otras cuestiones

Esta entrevista psíquica fue dada por Edgar Cayce en su casa de Pinewood, Va., y data del 28 de abril de 1932.

—*Usted tiene ahora la información dada a través de diversos cauces sobre el continente perdido de la Atlántida, ¿no?*

—Sí, nosotros tenemos la información que se ha dado para perpetuar la existencia del continente de la Atlántida; también tenemos la información que se ha dado a través de estos cauces sobre otros asuntos igualmente importantes.

—*¿En qué país vivió Jesús y cuál era su relación con la religión o filosofía?*

—Como se indicó anteriormente, Jesús vivió en Israel y realmente Él divulgó un pensamiento, una llamada a la sensatez, y de ningún modo una nueva doctrina.

—*¿Qué religión asumió Jesús en cualquiera de sus reencarnaciones y en cuál estaban basadas sus enseñanzas?*

—Ahora podemos saber que sus enseñanzas se aproximaban primero al budismo, y posteriormente incluyó teorías similares al mahometismo, confucianismo, sintoísmo, brahmanismo, platonismo y judaísmo. Como ya sabemos, fue el precursor de la mayoría de las religiones actuales, aunque también se le podría considerar un filósofo cercano a Platón.

Al principio, solamente estaba interesado en la meditación o el espíritu como sistema para llegar a Dios, aunque posteriormente agregó muchas cosas del judaísmo. Curiosamente, a su muerte la mayoría de estas doctrinas incorporaron conceptos y pensamientos de Jesús, especialmente en su vida por Galilea y Judea.

El espíritu es la fuerza creativa, y como Hijo de Dios representaba al espíritu cuando se manifestó en la tierra.

—¿Qué nombre tuvo Jesús en sus reencarnaciones en Francia, Inglaterra o América?

—Más bien éstos han sido como el Espíritu de Cristo, o el Amo que camina entre los hombres. Muy posiblemente en sus reencarnaciones en estos países haya sido un sacerdote, en Francia por ejemplo, mientras que posiblemente fuera un monje humilde en Inglaterra, o el esclavo de un guerrero en América.

—¿Estaba la Atlántida en uno de los cinco puntos en que se supone apareció el hombre en la Tierra?

—Como ya sabemos, posiblemente estuviera situada en lo que ahora conocemos como Gobi, India, en Carpathia; o posiblemente en los Andes, y también probablemente fuera la llanura occidental de lo que se llama ahora América.

En todos estos lugares existen numerosas pruebas que hablan de una gran civilización desaparecida, anterior incluso a la Prehistoria, y en ellas encontramos señales de hombres blancos, castaños, negros y rojizos. Estos hombres podrían tener el color de su piel solamente como una adaptación al sol, siendo más negro en el desierto y más claro en las montañas. El color de la piel, por tanto, era solamente un modo de adaptarse a la exposición solar, tal como ahora vemos que ocurre cuando las personas se exponen poco o mucho al sol. Eso indicaría que había solamente una raza y no, como creemos ahora, cinco definidas.

—¿El centro de la civilización estaba, pues, en la Atlántida?

—Por supuesto. Allí se efectuó la segunda encarnación del ser humano, tal como hemos descubierto en Yucatán. Esta península de América Central, que se reparte entre

México (en su mayor parte), Guatemala y Belice, constituye una unidad geomorfológica, compuesta por una gran plataforma caliza, en la que la mayor parte de los recursos hídricos son subterráneos, y abundan las cavernas.

—*¿Qué impulsó ese gran período del desarrollo de las ciencias ocultas en la Atlántida y cómo las usaron las personas?*

—Es obvio que estaban intentando encontrar un sentido a su existencia, por lo que potenciaron la adivinación, la filosofía y la conciencia colectiva. Puesto que los interrogantes sin respuesta eran inmensos, tantos como ahora, fue necesario buscar las respuestas en el ocultismo y el misticismo.

—*¿Está convencido de la existencia de la Atlántida?*

—No soy el único, pues Platón decía que era una gran isla situada en algún lugar del océano Atlántico y que se hundió por un cataclismo. Se encontraba al oeste de las columnas de Hércules, ocupaba un extenso territorio, poseía un floreciente comercio y un gran desarrollo cultural. Si esto es cierto, el hombre prehistórico no fue el comienzo de nuestra existencia, sino una nueva era para el ser humano.

—*Puesto que usted parece disponer de una gran información sobre el continente perdido de la Atlántida, seguramente podrá contestarme a algunas otras preguntas afines. ¿El ocultismo es una ciencia?*

—Sí, entendiendo como tal todos aquellos fenómenos o comportamientos que no pueden ser explicados por los científicos materialistas. Según la terminología presente, ciencia oculta, o ciencia psíquica, es algo natural que va unido a la actividad de la naturaleza, como si fuera una experiencia, tal como ocurre con el deseo de comida en un recién nacido. Más bien es la consecuencia natural de estar vivos. Esta explicación puede suponer algunas formas que posiblemente ocasionen confusión en ciertas personas o momentos. Es necesario hacer matices a través de los diferentes tipos de ciencias ocultas, o manifestaciones psíquicas, para que clarifiquen al estudiante algo sobre los distintos tipos de manifestaciones psíquicas que ocurren continuamente.

OTRAS CUESTIONES

—Hay, como se ha dicho frecuentemente, mucha diferencia entre el misticismo, la ciencia psíquica o el ocultismo, ¿no?

—Por lo que sabemos, en ciertas personas las formas del pensamiento son totalmente individuales, eso que llamamos como personalidad acusada, y sus proyecciones en el conjunto de la sociedad demuestran que han tenido una evolución diferente. Se desenvuelven en el mundo material con presentaciones variadas sobre sí mismos, con expresiones o atributos diferentes, como si estuvieran inundados por una entidad o individuo. Estos fenómenos no son considerados por la ciencia, aun cuando sean habituales y fácilmente visibles.

Lo que nosotros denominamos como ocultismo o ciencias psíquicas, como algunos prefieren denominarlas, son más bien el principio del estado natural del hombre. Al igual que cuando somos bebés, nacemos en el mundo y nuestro apetito es lo primero que debemos satisfacer, y posteriormente dormir. ¿Qué son los sueños? ¿Qué esperamos de ellos? ¿Por qué soñamos? ¿Qué son los pensamientos? Estas preguntas son aún imposibles de responder.

—Pero ¿qué es más importante, el cuerpo o la mente?

—Cuando el cuerpo mental (éste es un nuevo concepto que hace al ser humano indivisible) ha sido entrenado, o ha pasado por un curso de aprendizaje en ciertas direcciones, se considera que estamos «maduros», somos adultos. Pero éste es un concepto muy matemático, pues es imposible definir quién y cuándo está ya «listo». En realidad, deberíamos hablar de especialización laboral, pues en cuanto al carácter lo que se exige es que se integre en la sociedad, lo que quiere decir que sea como los demás.

—*Pero ¿dónde está el error en esta valoración?*

—Cualquier filósofo se lo diría, pero ya apenas quedan y han sido sustituidos, desdichadamente, por los psicólogos. Una persona debe integrarse laboralmente en la sociedad, pues ello le permite ganar el suficiente dinero para sobrevivir y no importa que sea similar a millones de trabajadores. Pero ¿qué papel juega la mente en esta integración? ¿Nos preocupamos tanto de lo material que no podemos aceptar un carácter o una filosofía? Hay pocas personas que reconozcan que lo más importante es el cultivo de la mente y del espíritu, que nos impulsa a que seamos como los bebés, que logremos satisfacer solamente las necesidades primarias. Pero si nos volvemos como los bebés, ¿dónde queda el razonamiento? ¿Dónde los sueños imposibles? ¿Y la experiencia?

—*A lo mejor el mundo iría mejor si fuéramos todos como un bebé...*

—Pero es que en realidad todos, o casi todos, lo intentamos durante nuestra vida. Buscamos comer, dormir, las caricias, y nos asusta la soledad. Sonreímos a quien nos cuida y lloramos ante la maldad. Posiblemente también soñamos con ángeles o personas, en este caso con quien nos ha alimentado.

—*Usted ha dicho que conoce a los habitantes de la Atlántida. ¿Eran éstos diferentes?*

—Estoy convencido de que su gran poderío estaba en la evolución del pensamiento. ¿Cómo lograron razonar así? Seguramente de las fuerzas creativas de las que ellos habían recibido su ímpetu, pero actuando simultáneamente con mente y cuerpo. Esta forma de pensar les dio el poder y con él dispusieron del ímpetu necesario para mejorar sus habilidades corporales, intentando especialmente agradarse a sí mismos. Ahora es cuando nos damos cuenta de que el pensamiento es lo que proporciona el mejor desarrollo de un pueblo, y es igual que lo llamemos fuerzas psíquicas y ocultas o ciencia.

—*Su poder, entonces, ¿radicaba solamente en su mente?*

—Según nos acercamos cada vez más a la historia de esas entidades, esos seres, en la fase formativa de su experiencia lograron crear ya un esplendor muy alto en su forma de vida, proporcional a cada necesidad o deseo. Esto solamente podría conseguirse uniendo los atributos físico, mental y espiritual, algo que hace muchos años era algo normal en todas las generaciones de humanos. Cuando nosotros hoy estudiamos su sociedad y desarrollo nos quedamos asombrados, especialmente porque no necesitaron muchos años para tal perfección. Posiblemente disponían de este «poder» desde el principio y nunca lo utilizaron, como ocurrió posteriormente, para su destrucción o su placer.

Desde que adquirieron el conocimiento de que alguna fuente había despertado dentro de su fuerza corporal, tomaron conciencia de la unidad que existía entre su físico, la mente y el espíritu. La mente es el constructor que permite llegar a los cauces a través de los cuales se conocen dimensiones distintas a las corporales.

—*¿Cuándo podemos considerar un acto como manifestación psíquica?*

—Una fuerza psíquica es una acción oculta, un fenómeno o actividad en la cual el individuo no aporta una acción física. Se trata de algo que forma parte de la reserva mental entrenada con anterioridad y que se manifiesta normalmente a voluntad, tal como ocurre con las visiones. Es una proyección de nuestra mente y espíritu unidos, algo mucho más intenso que la telepatía o la telequinesis.

—*Pero estos fenómenos son también acciones mentales...*

—Son esencialmente diferentes. La telepatía, por ejemplo, es un fenómeno psíquico que consiste en la coincidencia de pensamientos y sensaciones que entran en las personas, generalmente distantes entre en sí, con el concurso de los sentidos, lo que induce a pensar en la existencia de una comunicación entre los cerebros de índole desconocida. También se denominan así las transmisiones psíquicas entre personas, lo que hace pensar también en conocidos agentes físicos como causantes de ello.

En numerosas ocasiones nosotros mismos hemos sido partícipes de un acto igual o similar a la telepatía, como cuando hemos comenzado a expresarnos sobre un tema concreto y alguien nos advierte que, precisamente ahora, él estaba pensando en lo mismo. También es frecuente que dos personas, familiares o amigos, distantes entre sí, efectúen una llamada telefónica justo cuando ambos estaban pensando en el otro. Del mismo modo y para corroborar estos fenómenos sobre transmisión del pensamiento, es frecuente que las personas se acuerden de alguien a quien hace muchos años no han visto, justo un minuto antes de que esa persona llame a su puerta.

—*¿Y no es la telequinesis la unión de las fuerzas mentales y psíquicas?*

—En este caso se trata de un fenómeno que ocasiona el desplazamiento de objetos sin causa física observable, sea con el auxilio de un médium, una entidad oculta, o mediante los poderes mentales del sujeto observado. La fuente de energía para mover los objetos es por supuesto la mente, la cual no solamente puede ejercer movimientos del objeto hacia la persona dotada con esa facultad, sino que también puede desplazarlos en cualquier dirección. Al contrario que el magnetismo o la fuerza de gravedad, tan presentes que nadie duda que existan, mediante la telequinesis (telequinesia o telecinesis), se pueden mover objetos en cualquiera de las tres dimensiones.

La conclusión es que si la telequinesia existe debe tener relación con las mismas fuerzas de la naturaleza nombradas anteriormente, especialmente con el magnetismo. Si el planeta Tierra y algunos metales poseen esta energía, parece razonable aceptar que el ser humano, compuesto básicamente de los mismos elementos que el resto de la naturaleza, también debe poseer «poderes» similares.

—*¿Un adivino no usa en esencia sus presentimientos?*
—El presentimiento es cierto movimiento del ánimo que hace antever y presagiar lo que ha de acontecer o, también, adivinar una cosa antes que suceda por algunos indicios o señales que la preceden. ¿Podemos considerar los presentimientos como una forma de la telepatía? Posiblemente sean lo mismo puesto que nos avisan del algo desastroso que está a punto de ocurrir y parece obvio pensar que para que el mensaje nos llegue ha tenido que realizarlo una persona determinada. Que alguien desista de tomar un avión porque manifiesta tener «un presentimiento» de catástrofe, o que un padre salga en busca de sus hijos a la carretera porque está seguro de que han tenido un accidente lejos de allí, son pruebas de que el cerebro humano es capaz de enviar mensajes de un modo que aún desconocemos.

No obstante, el adivino que emplea la bola de cristal no emplea este sistema, puesto que realmente «ve» en el interior de la bola el futuro y, por supuesto, el presente.
—*¿Se consideran estas cualidades como naturales?*
—Estas habilidades son muy naturales. No se trata de personas anormales, de monstruos de la naturaleza o manifestaciones mutantes y antinaturales del desarrollo humano. Lo único que se ha podido aclarar es que hay zonas en el cerebro de esas personas que tienen mayor o mejor actividad que en la mayoría, del mismo modo que un artista desarrolla más una parte de su cerebro que un matemático. Algunas investigaciones muestran que hay mucha actividad en la corteza del cerebro en relación con esto, y la mayoría de eso que definimos como fenómeno psíquico o acontecimiento místico ocurre en lugares al margen de la conciencia.
—*¿Influye el ambiente en el buen resultado de las visiones?*
—Se ha pensado durante mucho tiempo sobre si las habilidades psíquicas estaban de alguna manera unidas al ambiente, como si fuera un trabajo de magia efectuado mejor en ciertos sitios, o con fases lunares diferentes y por la noche en lugar del día. También hablan sobre atmósferas buenas y malas, vibraciones especiales, energías positivas, manchas frías o brisas misteriosas, aunque hasta hace poco el papel del ambiente no había sido considerado en parapsicología.

Un aspecto del ambiente a tener en cuenta es el campo geomagnético (GMF), que ha sido recientemente el enfoque de varios estudios mundiales (incluyendo algunos en Edimburgo), pues parece tener una posible relación entre la actividad del campo y el psiquismo. Aunque la relación real permanece incierta, y no puede ser un eslabón causal directo, los estudios han mostrado que existe una percepción extrasensorial de forma consistente (ESP), que parece ser más eficaz cuando el GMF está relativamente sin actividad.

Algunos investigadores están considerando otras variables medioambientales, desde la concentración de iones en el aire a la fase lunar actual, aunque uno de los problemas con estos estudios es que miran el tema sin tener una idea clara acerca de la relación que puede haber entre la psiquis y el ambiente.

—*¿No existe una explicación científica para estas cualidades?*

—Por supuesto, y ellas nos dicen que el cerebro humano es un transmisor y un receptor de información, pero su alcance no está limitado a un cuerpo humano. La información sobre los eventos en el espacio y tiempo permanecen alrededor nuestro, y la mente accede a esta información. El cerebro recibe datos de nuestros sentidos físicos; guarda esta información y la procesa como lo haría una computadora muy avanzada. El cerebro y la mente pueden poner a punto cualquier información en este sistema de almacenamiento y efectuar instrucciones específicas en el espacio y tiempo. En la medida en que la información sea más amplia, así serán de precisas las instrucciones y la calidad de las acciones.

Las observaciones experimentales se hicieron desde 1980, cuando el modelo fue desarrollado, y han sugerido que todos los fenómenos paranormales pudieran ser explicados usando el mismo concepto.

Cuando se presta atención cuidadosa al ambiente (por ejemplo, proporcionando un cuarto aislado completamente oscurecido, sin cuadros en la pared, ningún olor raro y ningún ruido), cualquiera puede experimentar visiones remotas con la ayuda de un entrevistador hábil. Él hace preguntas que permiten al espectador remoto estar abierto a percibir la información de todos los sentidos (imaginación visual, sonidos, olores, sentimientos y sabores), lo que se denomina como percepción remota.

Los datos informados en el momento pueden ser exactos, pero relacionados con algún otro tiempo en la situación designada. Después, el análisis sugiere que los datos corresponden a un tiempo lejano o cercano relacionado con algún momento emocional concreto. Se cronometran los cambios que pueden ocurrir durante la emisión y recepción de los datos, razón por la cual este tipo de experimento ha sido difícil de reproducir.

—*¿No es posible que todo sea un fenómeno físico?*

—Teorizar y discutir simplemente sobre la clarividencia y la telepatía no soluciona el rompecabezas ni aclara definitivamente los interrogantes, y agudiza aún más su incompatibilidad con nuestro modelo conceptual actual de realidad física. Los parapsicólogos difieren ampliamente entre sí de su forma de teorizar a este nivel, pero todos se entrenan con métodos alejados de la física o diseñando nuevas teorías sobre los fenómenos psíquicos. Sólo algunas de estas teorías forzarían una revisión radical en nuestra concepción actual de la realidad física.

Aquellos que siguen los debates contemporáneos en física moderna, sin embargo, serán conscientes de que varios fenómenos de la teoría cuántica son incompatibles con nuestro modelo conceptual actual de realidad física. La teoría cuántica explica que la emisión y absorción de energía en los fenómenos periódicos no se efectúa de modo continuo, sino por saltos, en cada uno de los cuales se emite o absorbe una energía igual al producto de la frecuencia por la constante de Planck.

Otra teoría, en este caso un teorema, nos dice que cualquier modelo de realidad que es compatible con la mecánica cuántica debe permitir la posibilidad de que pueden ponerse en correlación los resultados de observaciones en dos situaciones arbitrariamente distantes.

Varios otros modelos de realidad han sido propuestos por filósofos y físicos, y algunos claramente entran en conflicto con la telepatía, otros lo permiten y algunos lo requieren realmente. Así, y siguiendo con la teoría, algunos parapsicólogos creen que uno de los modelos más radicales de realidad compatible con la mecánica cuántica es la telepatía y será así considerado en el futuro. Cuando esto ocurra, los fenómenos de telepatía dejarán de ser anómalos.

Pero nosotros hemos aprendido que toda charla similar provoca en la mayoría de nuestros colegas en psicología y en física un rechinar de dientes y sonrisas, por lo que es mejor no mezclar a la física con la telepatía, al menos de momento.

Otros hablan de campos biofísicos y este hallazgo sugiere que el cerebro y el campo biofísico efectúan el proceso de forma consciente, pero independientemente entre sí. Cuando trabajan juntos, hay una amplificación en la sinergia de las funciones y una reducción en los procesos caóticos. Las personas que poseen campos biofísicos tienen el potencial para estar conscientes mientras sueñan, lo que les permite organizar perfectamente los fenómenos paranormales. Si los campos biofísicos conscientes pueden dejar nuestros cuerpos físicos, entonces es posible la emisión de datos cerebrales a larga distancia. Un investigador llamado Rupert Sheldrake alega que si nosotros estamos influenciados por los campos morfogenéticos de individuos particulares a los que estamos unidos, entonces es posible que pudiéramos recoger imágenes de sus pensamientos y sentimientos mientras estamos despertándonos o soñando, aunque nos encontremos separados por miles de millas.

Si el campo biofísico reside alrededor de los humanos y este efecto comprende a la mente, entonces significa que todos nosotros tenemos acceso a un reino donde las ideas tienen una realidad. El material de la mente, de una naturaleza que sólo los místicos han referido, puede ser de hecho meramente biofísico. Estos efectos contienen cantidades enormes de información del pasado, y aprendiendo a llegar a ellos los operadores especializados en clarividencia pueden ver en el pasado.

—*¿Es un fenómeno inconsciente o consciente?*

—Sustituya la pregunta por DEBAJO de, no sobre lo normal, sino debajo de la conciencia más alta, o el pensamiento más alto. Así como tenemos un cuerpo físico con el cual atravesamos experiencias, podemos hacer lo mismo con lo que llamaremos la segunda vista. Se trata de una visión que acompaña cada pensamiento y acto corporal, que se manifiesta de diferente modo en cada individuo, tal como parece ser que ocurrió en los habitantes de la Atlántida. A través de esas proyecciones mentales se genera una división del cuerpo, conforme a las necesidades propias.

—*¿La visión mental construye también las acciones físicas?*

—En el cuerpo mental del individuo hay también un mundo material, fuera del espíritu, y al margen de la habilidad para poseer fuerzas espirituales. Esta zona materializa la fuerza y lo hace dando órdenes e indicando las direcciones más adecuadas, siguiendo la inclinación natural de cada individuo o entidad.

—*¿Cómo usaron este poder los habitantes de la Atlántida?*

—Recuerde que esas gentes podían atraer a fuerzas espirituales, y con ellas desarrollar habilidades físicas. También habían conseguido realizar adivinaciones sobre aquellos que estaban ya en el mundo de los espíritus, del mismo modo que pudieron compartir el magnetismo animal. Esto forma parte de la conciencia universal y está basado en la experiencia de las generaciones, en un intercambio a través de los genes de cada persona, los cuales, al mezclarse, transmiten su información a los descendientes. En pocos años la experiencia acumulada es inmensa, así que imagínese la que se logra en miles de años de existencia humana. Este proceso de integración indudablemente se ve reforzado por las propias experiencias mentales y espirituales, por lo que no debe extrañarnos que el ser humano progrese tanto y que todos seamos tan similares en lo esencial.

—***Entonces, ¿no tienen los animales la misma suerte o evolución?***

—No hay ninguna seguridad sobre ello. Según las experiencias de vida tras ésta, existen manifestaciones de personas que afirman haber sido anteriormente águilas, cisnes o gorilas, pero como esa selección nos parece demasiado preferencial (nadie ha dicho nunca haber sido una cucaracha, por ejemplo), es posible que se deban a delirios o deseos personales.

Si hacemos caso a la religión o a los científicos, y basándonos en ello consideramos a los seres humanos como la especie más evolucionada, posiblemente nadie esté dispuesto a admitir una nueva vida en forma animal o vegetal. No obstante, si tenemos en cuenta la evolución de las especies y de la misma vida en el planeta, posiblemente a todos los seres vivos nos toque vivir toda clase de vidas, incluida la mineral. Sería una forma de evolución en círculo, en la cual nadie es mejor que nadie.

Esta consideración plantea nuevos problemas, algunos religiosos, pues entonces queda en entredicho la salvación por medio del sacrificio de Jesucristo, del mismo modo que habría que revisar las demás religiones. Si repasamos la historia veremos, no obstante, que numerosas civilizaciones y culturas admitieron la reencarnación en animales, como es el caso de la egipcia, y en una gran cantidad de creencias místicas aparece el hombre ligado siempre a un animal sagrado.

De todas maneras, primero habría que admitir científicamente el hecho de que los animales y las plantas tuvieran cerebro, sintieran emociones, para posteriormente decidir si poseen igualmente un espíritu inmortal. Puesto que ni siquiera hemos podido comunicarnos con los primates, mucho me temo que la posibilidad de saber si los animales tienen un alma es poco menos que improbable; figúrense si hablamos de los vegetales o los minerales. En general, en el caso de gatos o animales domésticos existen historias que afirman su presencia espiritual una vez muertos, pero como forman también parte de las leyendas y cuentos, poca gente las ha tenido en cuenta.

—*¿Y qué tipo de evolución espiritual tienen, entonces, aquellos que se dedican a la destrucción de personas, animales o cosas?*

—Aquellos que efectúan la destrucción son también parte de la Tierra, pues debe existir lo blanco y lo negro, el día y la noche. Gracias a ellos, o a causa de ellos, los seres normales podemos calibrar las consecuencias de nuestros actos y ser más constructivos, pues entendemos las consecuencias de lo divino y lo diabólico. Usted no podría saber si es alto o bajo si no tuviese una referencia en otra persona. No crea que la maldad de otros supone un castigo para usted, sino todo lo contrario. Ellos acumulan un karma que deberán pagar para que las buenas personas disfruten luego con su castigo.

—*Según eso, ¿no podría ser la causa de la destrucción de la Atlántida un castigo o un karma acumulado?*

—El karma es una forma de operar ligada a la naturaleza. Es decir, los eventos anteriores afectan a los eventos siguientes sin la intervención de ningún agente sobrenatural. Pero si el karma opera naturalmente, es razonable creer que hay algún eslabón entre la causa original, lo que nosotros hacemos, y el efecto (agradable o doloroso, ventajoso o desventajoso) y lo que experimentamos en una vida posterior. Esas causas entran en una cadena que consigue que una persona que haya realizado buenas acciones en una vida anterior pueda ahora poseer un Cadillac, aunque posiblemente no todos los que posean ahora un gran coche deban agradecer a su alma este privilegio.

Desde la perspectiva de una evolución espiritual, todo ser es una cadena continua en la que cada eslabón enlaza indisolublemente con un pasado y en la que todo está gobernado por relaciones estables. Se trata de una asociación inevitable de causas y efectos, en donde la acción futura será el efecto de la acción presente.

Desde una perspectiva moral, esto significa que, según la naturaleza de la energía que se ponga en movimiento y actúe como causa, así será la naturaleza de la energía que retorne como efecto. El karma, insisto, es la ley universal de causa y efecto; aquello que sembramos es lo que cosechamos. Por eso el renacimiento del alma no tiene sentido sin el karma, y éste no tiene ni justificación racional ni moral si no es el instrumento de tal renacimiento. Puesto que la verdad fundamental de nuestro ser es espiritual, es nuestra alma la que determina su propia evolución, sobrepasando así al karma.

En la Atlántida posiblemente existía un gran desarrollo de fuerzas ocultas, o psíquicas, y su uso o abuso durante miles de años pudo ocasionar años de luz en un principio y posteriormente años de tinieblas, tal como ocurre con los desenfrenos de la juventud que se pagan en la madurez. Esto debió ocasionar ciclos y cambios, pero nuestra información sobre esa raza o nación es muy pequeña, por lo que no podemos saber con certeza qué les ocurrió ni cuánto tiempo duró el cataclismo. Si todo ocurrió bruscamente y se hundió en el mar o se desintegró, tendríamos entonces la causa para su desaparición absoluta. Por el contrario, si la catástrofe duró años, e incluso siglos (hambre, sed, guerras), lo más probable es que sus gentes hubieran emigrado paulatinamente a otras tierras y dar origen a las razas actuales.

—*¿La fuente está en Dios o en la naturaleza?*

—La primera causa tuvo que proceder de Dios, a no ser que encontremos otra explicación para la vida. Las demás cuestiones, como la inteligencia, la mente, el espíritu o el cuerpo, pertenecen a la naturaleza, esa fuente de la que cada ser se alimenta.

—*¿Podemos alimentar entonces al alma?*

—¿Qué estamos alimentando diariamente, nuestro cuerpo o nuestra alma? ¿O estamos alimentando solamente el cuerpo? ¿O a nuestro cuerpo mental? Si somos capaces de mejorar nuestro cuerpo físico o una parte del mismo mediante la alimentación o los ejercicios, no hay razón para que no podamos hacer lo mismo con el alma.

—*¿Qué es, entonces, la fuerza psíquica? ¿Una ciencia oculta?*

—Es el desarrollo de las habilidades dentro de cada individuo, que no ha perdido su conexión con la naturaleza o su relación con su Creador. Cada vez más se demuestra que vivir dentro del orden natural mejora las facultades espirituales del individuo, pues estar en concordancia con la fuente de la vida le mejora su desarrollo mental y espiritual.

No hay nada oculto ni extraño en la fuerza psíquica, en la energía interna que todos poseemos. Según la teoría del KI, en el comienzo del Universo no había nada, y en esa nada estaba el KI, pura energía. Al comenzar el KI a moverse, desarrolló dos fuerzas diferentes, Yin y Yang, y para cada elemento un elemento igual que se opone: visible, invisible; negro, blanco; masculino, femenino; brillo, oscuridad. Según estas energías opuestas se movían más deprisa, crearon el sonido, el color, etc. Por último, a su velocidad más elevada crearon la materia, la cual se dividió en cinco elementos: agua, fuego, metal, madera y tierra.

Por ello, según el KI se mueve y controla los elementos en el Universo también controla los del cuerpo humano. El cuerpo humano es un pequeño microcosmos del Universo, dentro del cual existen multitud de universos, todos los cuales se rigen por las mismas leyes. Buscar, por tanto, cosas diferentes en el Universo a las nuestras propias es una solemne estupidez.

El KI es la fuerza invisible que nos da poder para la movilidad e intelectualidad. Es la fuerza de la Tierra que mora en todos los seres humanos y en el resto de las criaturas orgánicas e inorgánicas

No es por supuesto un credo religioso, pero la convicción de que existe es vital para desarrollarlo. La confianza en la propia habilidad física es importante en el desarrollo del poder mental e imprescindible para obtener equilibrio. Al igual que en las creencias místicas hay diferentes tipos de KI, pero la esencia es la misma, y a partir de ella es como mejoramos nuestro potencial físico y emocional.

—*Hay quien duda de que los seres humanos poseamos esta energía interna.*

—Es frecuente que exista un enfrentamiento abierto entre quienes aseguran que los seres humanos tenemos algún tipo de energía interna desconocida para los médicos occidentales, y quienes sonríen cuando les cuentan cosas así. Esta energía existe, afirman los primeros, desde que existe la Humanidad, y posee fuerzas poderosas para mejorar nuestra vida.

Un estudio realizado durante los años setenta del pasado siglo a una gran variedad de individuos con poder espiritual, demostró que la mayoría eran ya personas famosas y líderes de grandes organizaciones espirituales internacionales. Otros, los menos, eran completamente anónimos y no gustaban hablar de sus cualidades especiales. A lo largo del estudio, realizado incluso en grupos de ocultismo, se demostró que algo existía dentro de esas personas que las hacía ciertamente diferentes y que se escapaba de las normas científicas habituales. Lo importante de este análisis, sin embargo, no era demostrar la sinceridad de las personas evaluadas, sino averiguar la manera de ejercitarlo y cómo otras personas podían adquirirlo o exteriorizarlo.

En la exposición de las conclusiones se encontraron ciertamente cosas cómicas, pues no todos los poderes son fascinantes, lo mismo que hubo una tendencia casi generalizada para considerar estas cualidades como otorgadas por un dios o entidad superior. Con el tiempo, y sin que exista una razón para ello, la mayoría de estas personas se dedican exclusivamente a curar enfermos crónicos o a ejercer de líderes religiosos. Es como si su destino les obligara a ejercer el bien entre los semejantes, aunque no siempre de manera altruista.

EL DOWSING (ZAHORÍ)

El Dowsing es un arte antiguo para buscar cosas ocultas (agua, metales preciosos, etc.) usando uno de los sentidos, tanto de nuestro consciente como del inconsciente o del espíritu. Es más, podemos tener ese poder sin saberlo, pues, según informes recibidos, el 80 por 100 de las personas tienen este regalo especial, una habilidad para darse cuenta de cosas no perceptibles a otros. Algunas de estas personas no necesitan ninguna herramienta extra para hacer lo que ellos intuyen y por eso saben sin lugar a dudas dónde es el mejor lugar para excavar o dónde está oculto el tesoro del oro.

La mayoría de las personas requieren una «prótesis», pues eso las ayudará a enfocar y leer su cuerpo para conseguir mayor precisión. Éste es el caso de las varas del Dowsing, tan populares como menospreciadas por los científicos.

Hay muchos tipos diferentes y variedades de varas: la clásica, con forma de Y que se denomina «suiza», además de otras que se describirán. De hecho, cada dowser tiene preferencia por un tipo determinado de esta herramienta y la mayoría de ellos se hacen las propias, pues están convencidos de que las magnetizan y que pueden hablar con ellas.

Pero ¿cualquiera de nosotros puede ser un buen zahorí? La mayoría lo único que necesita es un gran patio trasero propio, pero un lugar que haya permanecido así desde hace generaciones. Estos lugares son los más adecuados para empezar a buscar metales, agua y otros objetos, siempre y cuando los hayamos visualizado previamente en una bola de cristal.

¿QUÉ PODEMOS ENCONTRAR?

El metal más fácil de encontrar es el oro, incluso más fácil que el agua, aunque los europeos entendidos creen que con habilidad todo es posible: hasta encontrar huesos de personas muertas hace cientos de años. Los arroyos y ríos de aguas subterráneas se piensa que producen cierto tipo de «radiación» enferma que puede causar cáncer y otras enfermedades. Así, lo mejor sería, ante la duda, construirse la casa en un lugar desprovisto de estos arroyos subterráneos. De hecho, la mayoría de los castillos, palacios, iglesias, hospitales y casas en el pasado se construyeron después de consultar con un dowser. El lugar para construir una casa era cuidadosamente escogido y si fuera imposible evitar construir encima de las fuentes subterráneas de «radiación», se usaban métodos diferentes para neutralizar estas emisiones. Una práctica común era agregar algún material orgánico (sangre, huevos, etc.) al cemento usado para la construcción.

OTRA UTILIDAD

¿Cómo puede saber usted si está durmiendo o trabajando en una mancha, lugar o zona, enferma? Algunas personas no duermen muy bien en lugares especiales y se levantan cansadas, con dolor de cabeza, lo que puede ser motivo para acudir a un dowser. Si no hay ninguno alrededor, sus animales domésticos pueden ayudarlo. ¡Sí, sus animales domésticos! Sus instintos no son entorpecidos por la civilización como ocurre con nosotros: ellos pueden ser educados e instruidos para escoger lugares seguros para descansar. Al parecer los perros tienden a escoger lugares saludables para dormir, mientras que a los gatos les gusta dormir en lugares nefastos para las personas. También pueden usarse otros animales y plantas como una guía: a las hormigas les gusta construir sus colinas encima de las manchas con alto nivel de «radiación» y el muérdago crece exclusivamente encima de cosas enfermas.

Usted también puede intentar convertirse en un buen dowser, pues ya sabe que el 80 por 100 de nosotros puede hacer bien este trabajo. Siga las instrucciones siguientes para probar sus habilidades como zahorí.

PASO 1:

Haga sus propias varas de dowsing.

Necesitará dos varas de metal, cada una aproximadamente de 50 cm (20 pulgadas) de longitud. Puede usar una percha de alambre como objeto adecuado. Tiene que doblar el alambre para obtener dos varas idénticas con «asas» que hagan un ángulo recto (90 grados) entre un asa y la parte principal de la vara. Las asas deben ser aproximadamente de 10 cm.

PASO 2:

Cómo sostener sus varas.

Es crucial sostener las varas de forma apropiada. Debe poner el asa de la vara dowser en medio de su palma y cerrar la mano.

No apriete las varas demasiado firme, pues de ser así no se moverán. Sosténgalas de manera que la parte principal de la vara sea paralela a la tierra e intente mantenerla en todo momento en esa posición. Deben permanecer paralelas a usted cuando empiece su ejercicio.

PASO 3:

Comience a caminar lentamente y pronto deberá notar que las varas se mueven «por sí mismas»; realice entonces un recorrido de izquierda a derecha, cruzando los pasos cada cierto tiempo. Recuerde la situación de estos puntos en los cuales se ha cruzado y camine de nuevo encima de ellos, especialmente si ha notado algo especial. No trate de recorrer grandes distancias, pues lo importante es que busque en zonas muy concretas, lentamente, e insistiendo en algún sitio en el cual haya creído notar algo. Posiblemente deba moverse a veces unos centímetros, o unos milímetros, para notar una sensación más fuerte, pero éste es el secreto para encontrar cosas ocultas.

Si consigue buenos resultados el primer día es que tiene aptitudes para ello.

RELIQUIAS ENCONTRADAS POSIBLEMENTE POR LOS ZAHORÍES ANTIGUOS

Los mayas tenían recuerdos de varios dioses blancos, o héroes de la cultura. Uno de los primeros maestros reconocidos fue Itzamna, que incluso llegó a encontrar tierras lejanas, y que fue seguido por Colcolcan. Ambos llevaban en su recorrido túnicas fluidas y zapatos tipo sandalia, y cada uno tenía una barba larga y la cabeza rapada. Kulkulcan, otro maestro, instruyó a muchas personas en estas técnicas.

Una tribu fue visitada por un hombre blanco llamado Votan, quien les enseñó cómo cultivar maíz y algodón a cambio de aprender las técnicas zahorí y entre ambos dicen que inventaron las señales jeroglíficas.

Las piedras y entalladuras antiguas, además de objetos de alfarería, fueron objetos codiciados por los exploradores, quienes tuvieron que pedir ayuda frecuentemente a estos expertos zahoríes.

PÉNDULOS

Todo a nuestro alrededor posee campos de energía electromagnéticos. Cuando empleamos un dowsing o usamos un péndulo, en realidad es que hemos encontrado una manera de taladrar en ese flujo de energía que está a nuestro alrededor. Nosotros somos una parte esencial gracias al contenido eléctrico del sistema nervioso y por eso la corriente de energía magnética actúa recíproca y separadamente con todo lo demás.

Éstas son algunas conclusiones:

1. Los péndulos son una forma de dowsing.
2. Muchas personas prefieren usar un pedazo de cadena, normalmente algo que llevan habitualmente alrededor del cuello.
3. Pueden hacerse péndulos de la mayoría de los objetos.
4. El cuerpo humano es un péndulo.
5. Se puede suspender un peso pequeño de un cordón.

CÓMO USAR EL PÉNDULO

1. Una vez que usted ha determinado lo que quiere usar como péndulo, el próximo paso es determinar la dirección para el SÍ o el NO.
2. Tome el péndulo y fije en él la mirada antes de comenzar.

3. Dígale: «Muéstreme SÍ», y gire pronto en una dirección... que puede ser lateral, trasera, de un lado a otro, o en círculos.
4. Diga: «Muéstreme NO» y gire en la dirección opuesta.
5. La práctica hace esto más fácil y más rápido.
6. Ahora usted está listo para empezar. Haga las preguntas.
7. En el futuro, oirá las respuestas en su mente.

VERIFICAR EL CHAKRA

1. Póngase delante, o directamente detrás, de la persona con la que está trabajando.
2. El lugar del péndulo debe situarse directamente encima de su chakra de la corona.
3. Gírelo de un lado a otro.
4. El próximo lugar será delante del tercer ojo.
5. Si el chakra está en equilibrio, el balanceo del péndulo debe estar en la dirección opuesta del chakra de la corona.
6. Continúe con cada chakra en línea hacia abajo, la garganta, el plexo solar, bazo y raíz.
7. Si el chakra es equilibrado, el péndulo girará correctamente.
8. Si está desequilibrado girará en dirección incorrecta.

EXPERIENCIAS PERSONALES CON EL PÉNDULO

«Recibí mi primer péndulo en 1986. Un amigo me elaboró un péndulo efectuado con una cadena de eslabones y un cristal de cuarzo humeante de dos pulgadas al fondo. En la cima puso un cristal de cuarzo claro de unas tres pulgadas algo más grande que el otro.

Lo tomé inmediatamente y he jugado desde entonces con él. También compré un libro que tenía un alfabeto que indicaba cómo crear frases cuando giraba el péndulo.

Todavía lo tengo como un recordatorio de las veces que lo utilicé para ayudarme a encontrar respuestas y tomar decisiones. Es uno de los cinco péndulos que poseo ahora, todos hechos de materiales diferentes.

Como con cualquier otro oráculo, no debe olvidarse que un péndulo tiene sus limitaciones.

Recuerde mantener una mente abierta, pues ninguna respuesta se escribe en piedra. Nosotros somos seres de pensamiento libre y podemos cambiar nuestros destinos si así lo decidimos. Ahora también sé que podemos manipular la energía de la mente para emplearla mejor.»

TRUCOS PARA USAR EL PÉNDULO

1. Sujételo con los dedos índice y pulgar.
2. Frótelo en círculos pequeños.
3. Diga la palabra SÍ y vea si lo nota liso o pegajoso. Deténgase.
4. Diga NO y efectúe el movimiento circular en sentido contrario.
5. Ahora pregunte cosas sencillas y espere las respuestas.
6. Póngalo anudado en el dedo índice y efectúe un círculo.
7. Después ponga la cadena más corta y haga nuevos círculos, justo dentro del anterior.
8. Piense SÍ mientras sigue girando el péndulo y mantenga los ojos cerrados. Ahora empiece de nuevo.
9. Durante este tiempo no piense en nada.

USOS DEL PÉNDULO

Yo tengo un amigo llamado Bob que tiene en Nueva York una Sociedad Psíquica y está especializado en el dowsing. Un día, nosotros pusimos un dowser encima de un mapa. El mapa me lo había enviado una persona que estaba investigando en muchos de los sitios megalíticos de Nueva York y había hecho un mapa detallado de cada uno. Me preguntó si yo podría averiguar cosas que le eran desconocidas y lugares aún no investigados que fueran importantes. Muchas personas creen que estas cuevas megalíticas son como pozos para la entrada y salida de seres interdimensionales y ET.

Después de averiguar gracias al péndulo que existían lugares de interés en la zona denominada como la Reja, me fui con mi amigo Steve para buscar una aventura en ese lugar. Después de dos días de vagar alrededor de los bosques, descubrimos que la información que Bob nos dio era correcta. Pude sentir la energía de esa zona y determinar lo que ellos sospechaban con sus investigaciones arqueológicas.

LA TÉCNICA DEL DOWSING

El dowsing es una herramienta escrutadora que ha sido usada durante por lo menos mil años por buscadores que han intentado, con la ayuda de una vara en forma de Y, localizar agua subterránea, petróleo, gas, aceite y otros recursos importantes. El dowsing es subjetivo a través de la naturaleza y su éxito depende de las calidades desarrolladas por los dowsers, quienes actúan como un eslabón (con la unión de mente y cuerpo) ante la presencia de estructuras subterráneas.

Los científicos han intentado entender la base física del dowsing y cuáles son los eslabones y los factores que influyen en el movimiento de la vara en la mano del dowser cuando pasa por un lugar determinado. Nadie ha explicado todavía con éxito estas interrogantes.

ABRIL DEL AÑO 2000 - DOWSING CON UN AMIGO

Mi amigo Bill vino con una nueva vara de dowsing hasta mi apartamento para determinar los puntos de energía electromagnética más altos. Como todas las cosas dentro de nuestro programa de investigación, se trataba de buscar las corrientes electromagnéticas que nos rodean.

Bill hizo una vara de dowsing cortando una percha de alambre en dos pedazos de igual tamaño. Cada vara estaba torcida en un ángulo de 90 grados. En el lado del asa de cada vara Bill puso un asa de plástico blanca, de manera que las varas de metal pudieran moverse 360 grados dentro de las asas de plástico.

Bill sostuvo las varas delante de él hasta encontrar la posición adecuada, sosteniendo el plástico no muy fuerte para que tuviera movimiento propio. Las varas estaban paralelas a la tierra y casi flotando en el aire.

Cuando comenzó a usar el péndulo, le hizo la interpelación: «Muéstreme SÍ», hasta que las varas se cruzaron delante de nosotros formando una X. Cuando le preguntó por el NO, las varas de Bill se movieron hacia el exterior para expresar una respuesta negativa. En ciertas áreas de mi apartamento —donde las energías electromagnéticas son más fuertes— las varas formaron una X y donde había una perturbación electromagnética pequeña, permanecían juntas delante de él.

«Por supuesto que sé donde hay "manchas calientes" en mi casa —dijo—, pues suelo ver a los espíritus que entran y salen.»

Después Bill realizó un segundo viaje por las dependencias, aunque no tenía muy claro lo que pretendía encontrar.

Efectuó una vuelta por el apartamento e inmediatamente llegó hasta el cuarto de baño, pues las varas acusaron rápidamente las manchas calientes. Allí encontramos cosas muy interesantes y que coincidían con ciertas conclusiones que mencionaban en la *Guía del Espíritu* respecto a la cama, pues había gran cantidad de energía y residuos electromagnéticos.

Bill estaba desconcertado por el hallazgo y le dije que pusiera el dowser a ambos lados de mi cama. Cuando lo puse encima del área donde yo duermo —que él desconocía— se movieron ligeramente y cuando las puso encima del lado de mi acompañante femenino (risas) ¡se volvieron locos!

Bill no estaba seguro de lo que estaba pasando, pues las varas se movían nerviosas en lugares que, en principio, parecían sin interés. Posiblemente, la explicación es que cuando usamos las varas cerca del cuerpo realmente estamos trabajando con energías electromagnéticas procedentes del aura.

Mi amigo es representante de una agencia de viajes y cuando estaba en ruta y se perdía en el camino sacaba su vara dowser y le preguntaba cuál era la dirección correcta; siempre conseguía la respuesta certera, sin errores. También suele ayudar a algunas personas a localizar el lugar correcto para buscar agua en sus jardines, plantar los árboles e, incluso, situar su vivienda.

UN CASO VERÍDICO

13 de agosto de 1997, Vancouver:
Con su vara zahorí más fiel y un trozo de pelo de una muchacha asesinada, Rex Fitz-Gerald pudo resolver un misterio que había confundido a más de cuatrocientos buscadores.

Fitz-Gerald encontró los restos de Mindy Tran, una niña de ocho años desaparecida, y pudo poner en evidencia a todos aquellos que ridiculizaron sus métodos no científicos. Una vez comprobado que la pequeña había sido asesinada, la Corte Suprema empezó a elaborar una historia real sobre los acontecimientos trágicos, en parte contando con la tecnología del ADN, en parte con los datos de la policía, omitiendo de nuevo las aportaciones de Fitz-Gerald. Cuando todo condujo a un callejón sin salida, Fitz-Gerald dijo, una vez que se escucharon los testimonios de algunos presuntos culpables, que el asesino era Shannon Murrin. Semanas después, las pruebas abrumadoras confirmaron que efectivamente se trataba de la persona culpable y fue acusado de asesinato en primer grado en 1997.

La niña había desaparecido en Kelowna, cerca de Vancouver, mientras iba a buscar a un compañero de juegos, y su desaparición provocó una investigación policial intensa.

Fitz-Gerald fue uno de los vecinos que coordinaron la búsqueda intensiva de Mindy durante los cuatro primeros días, aunque posteriormente prefirió hacerlo solo. «Mi esposa dijo que yo estaba obsesionado, y quizá —en cierto modo— lo estaba», dijo Fitz-Gerald en una conferencia de prensa después de testificar.

Dos meses después de que la niña desapareciera, Fitz-Gerald encontró el cadáver cerca de su casa. Todo presagiaba que había sufrido abusos sexuales y luego había sido estrangulada. «Si Mindy no hubiera sido encontrada, sus padres todavía estarían esperando su regreso en la puerta, y nunca sabrían qué ocurrió», dijo.

Pero antes de ello, Fitz-Gerald tuvo numerosos problemas con la prensa, los vecinos y la policía, pues lo acusaban de estúpido y de querer ganar simplemente popularidad. Ante los primeros e inevitables fracasos, dijeron que no tenía ningún poder personal y que la energía procedente de su vara era solamente un leve movimiento voluntario de su muñeca. Ni siquiera los familiares de la niña sondearon la credibilidad de su método.

La policía lo llamó después de haber efectuado más de quinientas búsquedas infructuosas, incluso algunas dirigidas por expertos detectives y perros adiestrados. Cuando un amigo de la familia sugirió que Fitz-Gerald usase su vara dowsing para encontrar a la niña apenas lo escucharon, pues solamente conocían su utilidad para encontrar agua. Una vez que fue aceptada, como último recurso pero sin entusiasmo, la participación del zahorí se empleó una vara telescópica de un metro de larga con una capa de acero limpio.

La policía le prestó un trozo del pelo de Mindy, obtenido de un mechón que su madre guardaba para elaborar una peluca, y Fitz-Gerald lo puso encima de la vara para proporcionar enfoque. Lo llevó a un lugar en donde habían encontrado una tela roja y allí pronto notó un olor que le indicó el recorrido que la niña había hecho acompañada por una persona.

Pronto encontraron un zapato y Fitz-Gerald lo reconoció como parte de la niña por la descripción del vestido que Mindy llevaba ese día, y lo sondeó con la vara. «Noté una pierna humana en el zapato», dijo Fitz-Gerald después.

Al cabo de unas horas, la policía había confirmado la identidad de Mindy y consiguió proporcionar cierta paz a la familia de la niña, resolviendo un misterio que había entristecido a la comunidad durante dos meses. Fitz-Gerald dijo que había hallado indicios alrededor del cementerio y eso que el lugar había sido investigado en cuatro ocasiones por los expertos policiales.

«La niña simplemente estaba muy bien cubierta», dijo Fitz-Gerald. «La policía me dijo que si yo no la hubiera encontrado, probablemente nunca habría sido descubierta, pues el enterramiento había sido cuidadosamente hecho.»

Dijo que la vara le había dado una pista que otros buscadores no tenían. «Me indicó dónde estaba y lo hizo obligándome a caminar por lugares aparentemente sin interés.»

Fitz-Gerald, que todavía trabaja como buscador, dijo que ha usado la vara en otras ocasiones, pero que no se considera un médium ni nada parecido, aunque no puede explicar los sentimientos que le hacen deducir las señales que envía la vara.

«Es cierto que yo tengo la habilidad de trabajar con una vara zahorí, pero no sé por qué. Siento que es algún tipo de energía.»

VIAJE ASTRAL

Éstas son algunas indicaciones para poder realizar una nueva experiencia denominada «Viaje astral»:

1. Lo primero es conseguir una relajación progresiva. Acuéstese cómodo en alguna parte donde esté tranquilo. El cuarto necesita ser bastante caluroso. Debe aflojarse la ropa y tener los brazos y las piernas estirados, sin cruzarse. Es una idea buena desconectar el teléfono temporalmente.
2. Concentre la mente en la respiración y gradualmente relaje el cuerpo entero. Algunas personas prefieren empezar con los pies y trabajar a su manera, pero otros emplean métodos distintos.
3. Una vez que sienta que está completamente relajado, piense en su propósito de hacer un viaje astral. Repita una y otra vez en su mente que va a dejar su cuerpo físico y comenzar el viaje astral. Preste atención a cualquier contestación que su cuerpo le envíe cuando haga esto. Si permanece relajado, hay muchas oportunidades de que usted haga ahora el viaje astral. Sin embargo, si su cuerpo está tenso, es mejor abandonar el esfuerzo de momento. Asegúrese de que no tiene miedo de efectuar tal experiencia astral antes de intentarlo de nuevo.

4. Si su cuerpo todavía no está relajado, inténtelo de nuevo. Esto no es fácil, pues necesita permanecer relajado, pero al mismo tiempo ejerza presión en su mente para animarle a conseguirlo y salir de su cuerpo. Es útil pensar en la necesidad de realizar el viaje y cómo reforzará su vida cuando lo consiga.
5. Enfoque la atención en su frente y llegue a la mente consciente para dejar su cuerpo en este momento. Las personas efectúan diferentes preguntas y respuestas para lograr este paso y algunos sienten que se están hundiendo, otros tiemblan o tienen sensación de flotar, incluso hay quien siente cosquillas u hormigueos.
6. Si tiene suerte, pasará adelante en su primer esfuerzo, aunque posiblemente no haya conseguido dejar su cuerpo. A muchas personas les resulta difícil simplemente ir con el flujo cuando su cuerpo empieza a hundirse o vibrar. Es natural tratar de retroceder involuntariamente y no dejar el cuerpo. Si esto pasa, inténtelo de nuevo hasta que pueda simplemente ir con el sentimiento y dejar su cuerpo. Merece la pena.
7. Es mejor quedarse cerca de casa cuando deje su cuerpo por vez primera. De hecho, le animo a que se quede dentro del cuarto la primera vez, y simplemente experimente visualizándose en una esquina del cuarto, luego en otra, hasta que se haya acostumbrado a la sensación.
8. Usted puede ir más allá de su casa en el segundo viaje astral, pues ya tendrá más confianza en sus habilidades y será perspicaz para visitar lugares diferentes. Es una idea buena visitar lugares que pueda verificar después. Por ejemplo, si visita la casa de un amigo y lo ve besar por la noche a su hija, podrá confirmar después que esto era exactamente lo que pasó.

El viaje astral puede aportarle muchos beneficios, pero lo más importante es que aprenda que la muerte no es el final de la existencia. Cuando efectúe el viaje astral comprenderá que la muerte simplemente es el último viaje astral. Sé que al principio es difícil, pero lo conseguirá con la práctica. No intente forzar la separación de su cuerpo. Simplemente relájese y permita que pase.

HECHOS QUE PUEDEN DARSE DURANTE UNA SESIÓN CON LA BOLA DE CRISTAL

Es posible que usted esté intentando comunicarse con algún familiar fallecido hace tiempo, o incluso ayer mismo, pues la creencia en la otra vida es algo que llevamos grabado en nuestro subconsciente. La bola de cristal es un buen medio, pero deberá estar preparado para una larga serie de sensaciones y fenómenos físicos que posiblemente le asustarán al principio. Cuando ello ocurra le asaltarán un montón de dudas sobre la veracidad de lo que está viendo y oyendo, y por supuesto sus amigos le dirán que es todo un engaño por parte del médium.

Pero si el fenómeno en cuestión se limitase al movimiento de objetos inertes, podría explicarse por alguna causa completamente física. Nosotros estamos aún lejos de saber todas las fuerzas que posee la Naturaleza, o todas las propiedades de aquellas que ya conocemos. La electricidad, por ejemplo, no sólo está multiplicando, día a día, los recursos que ofrece a la Humanidad, pues siempre parece estar a punto de irradiar ciencia con una nueva luz. Por consiguiente, parece algo factible que la electricidad, modificada por ciertas circunstancias, o algún otro agente desconocido, pudiera ser la causa de estos movimientos. El hecho de que la presencia de varias personas aumente la intensidad de la acción fortalece la suposición, pues se comportaría como una batería de mayor amperaje.

Que el movimiento de las mesas deba ser redondo no parece sorprender a nadie, puesto que los movimientos en círculo son muy frecuentes en la naturaleza. Todas las estrellas forman círculos, lo mismo que los planetas, y hay quien ve los movimientos que ocasionan los espíritus en los objetos como un reflejo de lo que ocurre en el universo.

Pero el movimiento en cuestión no siempre es redondo. A menudo es irregular, desordenado y en ocasiones se mueve violenta y agitadamente, en cualquier dirección y en oposición a todas las leyes conocidas. Pero en todo esto no hay nada todavía que no pueda ser explicado por la fuerza de algún agente físico invisible. A fin de cuentas, ¿acaso no vemos el efecto perjudicial que tiene la electricidad, o el viento cuando está embravecido, aunque no veamos con los ojos su presencia?

Y otra pregunta:

Los sonidos repetidos y otros ruidos raros, supuestamente debidos a algo más que la dilatación de la madera, u otra causa accidental, ¿podrían producirse por la acumulación de un fluido misterioso tal como hace la electricidad?

Estos fenómenos podrían considerarse como pertenecientes al dominio de la física y la fisiología. Sin ir más allá de estas materias, un científico podría haber encontrado razones para estos fenómenos si quisiera efectuar un estudio serio sobre ellos. ¿Por qué no se hizo nunca? Es doloroso reconocerlo, pero el abandono del mundo científico sobre estas cuestiones que nos preocupan puede ser debido a la frivolidad de la mente humana.

En primer lugar, investigar fenómenos extraños no aporta mucho prestigio a ningún licenciado, tampoco dinero, por lo que prefieren dedicarse a investigar solamente en aquellas cuestiones que puedan proporcionar resultados empresariales y económicos. Nos encontraríamos en una circunstancia similar a la medicina natural, tan al alcance de cualquier persona que no supone ningún aliciente para los médicos titulados. El elitismo que proporciona recetar una medicina química parece ser más decisivo en su profesión que la salud del enfermo.

Lo importante en una sesión es que diferenciemos el hecho de que las sesiones se celebren en la casa del fallecido o en otro lugar, ya que los resultados serán distintos. En el supuesto de que la llamada a algún difunto podamos hacerla en la misma habitación donde dormía o cerca del sofá donde solía descansar, el contacto podrá lograrse incluso en la primera sesión, ya que la entidad seguramente no habrá abandonado el lugar que le era familiar.

Lo importante es que el fallecimiento haya tenido lugar hace poco tiempo, ya que posteriormente los espíritus se integran en otro orden de vida y se despegan bastante de sus anteriores compañeros. Incluso pretender establecer contacto con algún familiar con el cual nuestra vida no haya sido muy armónica puede provocar su rechazo, ya que le estamos obligando a volver a vivir aquello que le hizo sufrir, y esto es algo que a nadie, espíritu o ser vivo, le agrada. Si a pesar de esto insistimos en ello, hay que dejarle notar desde los primeros intentos que no pretendemos molestarlo, sino todo lo contrario, pedirle perdón por nuestros errores anteriores. Si no lo hacemos así, un espíritu perjudicado de nuevo puede convertirse en alguien peligroso.

Curar las enfermedades

Otra aplicación más factible para una sesión con la bola de cristal sería poder curar enfermedades, ya que aquí nos podemos basar en las experiencias de otras entidades que estén a su alrededor. Lo que ocurre es que en función de la fuente de procedencia, el espíritu consultado, así serán las terapias a aplicar y puede ocurrir que para un dolor de muelas nos recomiende masticar esencia de clavo, tomar un antibiótico o coger una pelota con los dedos de los pies. Cualquiera de estos remedios podrá ser efectivo y nunca hay que tomárselos a broma, salvo en caso de auténticas barbaridades que pueden ser indicativas de que nos encontramos ante un espíritu burlón o despistado.

No olvidemos tampoco que el espíritu necesita educarse y culturizarse, y si a nosotros nos hace falta experiencia para realizar buenas sesiones, a él también; por eso, cuando la ayuda que le solicitamos sea importante, debemos utilizar a una entidad adulta, nunca a un novato.

Hay también grandes posibilidades de poder realizar la curación a distancia, sin la presencia de la persona enferma, aunque para ello necesitamos un objeto, prenda o fotografía que pertenezca al enfermo. Puesto que la persona enferma no siempre puede acudir a la consulta esotérica, deberemos ejercer nuestra influencia psíquica en su curación, tal como hacen los creyentes cuando rezan a favor de alguien distante. Si esta opción funciona, no hay motivo para pensar que la curación mediante la bola de cristal no es posible; en aquélla utilizamos la influencia de Dios, mientras que en este caso llamamos a los espíritus.

Este «método curativo» ofrece una ventaja esencial con respecto a los tradicionales, ya que es totalmente inocuo. No hay posibilidad de agravar el mal del enfermo, mucho más si lo hacemos a distancia y ni siquiera es consciente de que estamos intentando ayudarlo. Ahora bien, debemos darnos cuenta de que no existe seguridad en lograr algún efecto positivo, como tampoco lo tienen quienes efectúan una plegaria multitudinaria a la Virgen María para pedirle la lluvia.

Por supuesto, no cometeremos el error de advertir a su médico sobre el procedimiento empleado para tratar de ayudar al enfermo, pues sospechará que le estamos «lavando el cerebro» y nos pedirá que lo dejemos en paz. Sin embargo, es frecuente que en caso de enfermedades graves los mismos doctores nos recomienden que recemos por su salud, considerando que ello no puede perjudicarlo.

Otras aplicaciones

Una aplicación más razonable de estas sesiones es la de pedir al espíritu la solución de algún problema matemático y sobre todo físico, ya que en estos casos solamente deberán utilizar la lógica, algo de lo que están sobrados. Preguntándoles adecuadamente, y durante varias sesiones, podremos encontrar el fallo que perjudica el buen funcionamiento de nuestra lavadora o automóvil, por poner un ejemplo.

También podremos pedirle ayuda para perfeccionar un invento, lo mismo que nos ayudará a encontrar algún objeto perdido, siempre y cuando esté bajo su zona de influencia. Si no es así, le pediremos que nos ponga en contacto con otra entidad que conozca el otro lugar.

Lo que ninguna entidad hará es provocar daño a alguna persona que odiemos, ya que su sentido del honor es muy grande y hasta es posible que se vuelva contra nosotros de manera airada si insistimos. Lo que sí puede indicarnos es la actitud que debemos adoptar con esa persona odiada y quizá también nos pueda descubrir sus puntos débiles.

LAS BRUJAS Y LA BOLA DE CRISTAL

Es difícil desligar a la bola de cristal de las brujas, pues hasta en las casetas de adivinación de feria se las ve tenebrosas, oscuras y ciertamente horribles, manejando y mirando ávidas la mágica bola. Antiguamente se las llevaba a la hoguera por pactar con el demonio y de nada les valían entonces sus filtros y encantamientos cuando eran pasto de las llamas.

Ahora las cosas han cambiado y hasta denominarse bruja es casi un peldaño para la fama y el éxito, especialmente si es guapa y se manifiesta sexualmente liberada. Puesto que en la actualidad la brujería es una filosofía de orientación social y ayuda, es importante que no trabajen aisladas y que se integren en grupos afines, pues esto les proporciona mayor energía. Lo habitual es formar un *coven* o grupo de trece personas, pues este número coincide con los trece meses lunares del año. No hay inconveniente en que este grupo sea de seis parejas, varones y mujeres, pues así el equilibrio de las fuerzas será perfecto.

El líder será una suma sacerdotisa o un sumo sacerdote, aunque frecuentemente existen ambos. Si hay discrepancias sobre quién tiene derecho a ejercer como líder, se tendrá en cuenta la herencia, pues quien es descendiente de brujos tendrá una genética más adecuada. Pero dado que las jerarquías no existen y solamente se trata de buscar un moderador con experiencia, tampoco es necesario realizar cambios electorales frecuentes.

Algunos brujos y brujas prefieren trabajar individualmente y por ello se los considera como personas sabias, opción esta que también está muy extendida.

El Poder Único se divide entre los principios masculino y femenino. La figura masculina más conocida es el Dios con Cuernos, el carnero o macho cabrío, posiblemente una deformación del dios Pan o el dios de la Naturaleza antiguo. A este Poder se lo conoce también como Osiris y Cernunnos, este último bastante desconocido y que también se lo menciona como el Antiguo o el de los Cuernos.

En cuanto a la figura femenina se la conoce como Diana, Selene, Cibeles, Artemisa, Isis o Hécate, aunque ahora parece que se unifica bajo el nombre sencillo de Gran Madre o Señora. No es ciertamente un equivalente a la Virgen María de los cristianos, ni tampoco es Santa Brígida o cualquier otra santa.

Se dice que las brujas estaban clasificadas de la siguiente forma:

1. Las que montan en escoba.
2. El monstruo nocturno que chupa la sangre.
3. Las que manejan hierbas alucinógenas.
4. Las que hacen conjuros malignos.
5. Las que limpian o generan el mal de ojo.
6. Las que elaboran filtros de amor.
7. Las sabias, que analizan el sufrimiento y dan consejos.
8. Las malignas, que son capaces de dar una manzana envenenada a Blancanieves.
9. Las que hacen magia.

10. Las nigrománticas o aficionadas al mundo de los muertos.
11. Las gitanas que nos echan la buenaventura.

Ellas emplean frecuentemente símbolos y, al igual que ocurre en las religiones, son parte esencial de la magia, pues representan el camino para comunicarse con los dioses o, incluso, llegar hasta los mismos dioses. La imagen del dios está representada casi siempre con cuernos, bien sea como un sol o como una cabra o macho cabrío. No suelen emplear la palabra dios para definir al Creador y prefieren hablar del Poder del universo, el que mueve la Luna, la Tierra y controla la Naturaleza.

Los símbolos en la brujería son el lazo de conexión, del mismo modo que lo son las imágenes en las religiones, y permiten unir el microcosmos que forma la bruja con el macrocosmos en el cual estamos todos integrados. Es como si existiera un canal entre uno y otro, y que puede ser abierto mediante sencillos pero precisos rituales o palabras. Su teoría se aproxima mucho al espiritismo, pues están seguros de que junto con nuestro mundo visible existe otro paralelo, e invisible, y que ambos están controlados por el poder del dios.

A continuación se enumeran y comentan los símbolos, fiestas y objetos habituales en las brujas, además de la bola de cristal y el caldero mágico.

- El **círculo** en el cual trabajan habitualmente representa a la misma Naturaleza, en donde no existe principio ni final, pues todo es una rueda en la cual giramos sin que nada ni nadie esté arriba o abajo. El círculo permite a la bruja hacer de intermediaria entre los dos mundos, tanto si está dentro como si prefiere trabajar fuera. La facilidad que ella tiene para establecer esta conexión en realidad la tenemos todos los seres humanos, pues nuestra alma y nuestro espíritu forman un todo indivisible como seres vivientes, aunque no lo percibimos con la misma claridad que las personas que dedican su vida a ello. Trabajar dentro del círculo, al fin, supone lograr un mejor aislamiento y concentración, pues todo el poder se manifestará con mayor rapidez y precisión. Además, estar dentro del círculo permite a la bruja o mago estar a cubierto de las fuerzas negativas y desde allí se pueden ejecutar incluso maldiciones y conjuros sobre personas maléficas, pues la energía es muy alta y no resulta interferida.

- El **pentagrama** es una estrella de cinco puntas insertada dentro de un círculo, dentro del cual está dibujado un ser humano desnudo, que puede ser hembra o varón. Las cinco puntas representan los elementos esenciales de la vida: Tierra, Aire, Agua, Fuego y Mente, y es frecuente ver a las brujas con estos grabados como parte de medallones o hebillas. El metal empleado es la plata, aunque también podemos ver numerosas incrustaciones de piedras de colores que, según afirman, les proporcionan protección y fortaleza.

- El **aquelarre** es una reunión nocturna de brujos y brujas, con la intervención del demonio ordinariamente en figura de macho cabrío, aunque es más frecuente en las tradiciones de la magia negra. No hay bruja que se precie que no convoque su aquelarre privado para entusiasmar a sus seguidores.

Otras reuniones festivas tienen lugar en fechas concretas, y entre ellas tenemos a la **Fiesta de las Brujas** o Samhain que se celebra el 31 de octubre; en ella se habla de la muerte física y nuestra conexión con el mundo invisible que nos espera.

El **Yule** tiene lugar entre el 20 y 23 de diciembre, coincidiendo con la noche más corta del año, y podría ser el equivalente con la Navidad cristiana; en esta fiesta también se emplean velas rojas y árboles para conmemorar la fecha.

La **Fiesta de la Luz Creciente** se efectúa el 2 de febrero y nos habla del despertar de la naturaleza, con el anuncio de una primavera temprana.

Halloween es la fiesta más popular y se celebra el 31 de octubre, un día antes de la conmemoración de Todos los Santos. La idea original era encender hogueras y hacer bailes para alejar a los malos espíritus del lugar, pues las gentes creían que en esta fecha las almas de los muertos visitaban sus antiguos hogares, algo que podría traer malas consecuencias si se había tratado mal a los difuntos. También se aprovechaba para que los adivinos efectuaran sus predicciones sobre la salud, dinero y amor, y los magos podían incluso contactar con el demonio para casos en los que se necesitara un serio castigo para alguien.

El símbolo característico de esta fiesta sumamente popular en Norteamérica es una calabaza hueca dentro de la cual se coloca una linterna o una vela. La luz sale por unos cortes que simulan los ojos y la boca, y los niños aprovechan para pedir regalos entre la vecindad.

Los **Esbats** son otras fiestas de menor importancia y se celebran coincidiendo con las fases de la luna, aunque se escoge preferentemente con la Luna llena. El lugar en este caso es en el exterior y allí se dibuja un círculo mágico de unos 2,5 metros de diámetro, aunque puede aumentarse si el número de participantes así lo requiere. En esta ocasión todos los participantes tienen que estar dentro del círculo, sentados o en pie, pues junto con la danza se logra una mayor energía.

- El **incienso** es parte de la tradición religiosa y por tanto incorporado a la brujería. Sus aromas son suaves pero penetrantes y se dice que pueden elevar la mente de los participantes a mundos superiores.

- El **pastel** es un dulce que representa a la madre Naturaleza y a la Tierra que nos proporciona alimentos, por lo que supone un alimento que se comparte entre todos, tal como se comparte la eucaristía cristiana. No contiene ningún ingrediente especial, aunque el arándano suele estar casi siempre presente, así como algunas hojas de muérdago.

    También es habitual encontrar pequeñas porciones de **sal** y **agua,** en ocasiones **vino,** así como la inevitable **hoguera** para danzar a su alrededor y las **velas** que portan los participantes.

    El tradicional **caldero** no ha desaparecido, como tampoco la **escoba,** pues en el primero se preparan sabrosas comidas aromatizadas con hierbas, que servirán para continuar la fiesta hasta la madrugada. La escoba es un elemento simbólico para asegurar que la bruja es capaz de comunicarse con el cielo y el mundo de los espíritus, mediante un vuelo astral en la oscuridad de la noche. También se emplea como signo de fertilidad y para recordarnos la presencia de la Naturaleza.

- La **ropa** puede ser la tradicional túnica, aunque se admite acudir vestidos con ropa normal de calle e incluso se permite que los más espirituales bailen desnudos. Esto se hace para lograr que las buenas vibraciones envuelvan al participante, pues la ropa puede impedir que el efecto sea el buscado.

¿QUÉ OTROS SIGNOS ACOMPAÑAN EL ARTE DE LA BRUJERÍA?

Las brujas también tienen relación con los grandes valores de la ley natural encontrados en la música, el baile, la agricultura natural y la astrología. En la religión druida se creía en la vida futura y en varias divinidades, y esa creencia fue parte de la cultura de las Islas Británicas y el viejo continente, así como lo fue el vestido tradicional de las brujas, con una capa negra que podría ser el predecesor del actual atavío clerical. Esta túnica negra era la marca de fábrica de la profesión y el sello de la destreza.

Mucha gente vulgar, especialmente los seguidores de las viejas religiones, nunca tuvo interés por practicar la medicina y por eso no adoptaron el uniforme de la túnica negra, aunque lo seguían utilizando para asistir a las reuniones de brujería. Más tarde, estos seguidores llegaron a ser llamados «Vestidos con túnica» y también denominados como «Brujas Druidas», con enseñanzas que se remontan a la antigua cultura céltica.

Pero cuando esta organización fue clasificada como satánica según el criterio de la Inquisición, cualquier imputación de brujería era equivalente a la ejecución, por lo que la túnica negra tradicional se convirtió en un seguro mortuorio. Este período todavía es llamado como «Tiempos Ardientes» y durante ellos las ejecuciones en la hoguera fueron empleadas para destruir o esconder cualquier cosa que pudiera hacer pensar en una conexión con la brujería.

Antiguamente era bruja quien:

1. Renegaba de Dios y especialmente de la virginidad de María.
2. Temblaba delante de un juez.
3. Residía en un lugar apartado y tenía una casa oscura y muy destartalada.

4. A su alrededor todo eran desgracias ajenas.
5. Adoraba al demonio y hasta copulaba con él.
6. Blasfemaba por cualquier motivo.
7. No tenía hijos y conocía los secretos para abortar.
8. Era solitaria y no mantenía relaciones con varones.
9. Gustaba de pasear por los cementerios y salir con la luna llena.
10. Leía libros como el *Sanctum Regnum*, *Las llaves de Salomón*, *El libro del hechicero*, *Tratado de magia oculta*.
11. Llevaba la cruz de Caravaca.
12. Tenía alguna verruga en el rostro.
13. Si era guapa, era perseguida por todos los varones de la comunidad.
14. Se bañaba solamente cada 42 días y lo hacía desnuda.
15. Incluso se afeitaba el bigote.
16. Por nada del mundo se cortaría sus largas uñas.
17. Tenía orgasmos nocturnos al imaginarse poseída por el demonio.
18. Comía carne cruda.
19. Se dice que secuestraba a los niños para comérselos en el caldero.

Como vemos, algunas de estas cuestiones son comunes a personas actuales, a las que nadie consideraría brujas, por lo que suponemos que deben reunir casi todas estas «virtudes» para conseguir esta categoría profesional.

UN HECHO ASOMBROSO OCURRIDO EL 14 DE MAYO DE 1999

El protagonista fue un funcionario de los Servicios de Inteligencia, quien, a su vez, estuvo asesorado por un famoso vidente que empleaba la bola de cristal como sistema para aclarar misterios sin explicar.

Lo siguiente se relaciona con el MI6 y la princesa de Gales, relativo a las declaraciones efectuadas el 12 de mayo de 1999 sobre las muertes de Lady Di, Dodi Al Fayed y Henri Paul. Probablemente el MI6 tiene información en sus archivos que ayudarían al juez, pero nadie sabe las causas por las cuales no aportan esta información y la tienen catalogada como Secretos Oficiales.

Richard John Charles Tomlinson, antiguo funcionario del MI6, en Ginebra, Suiza, declaró lo siguiente:

a) Creo firmemente que allí existen documentos que oculta el Servicio de Inteligencia Confidencial Británica (MI6), que aportarían nuevas e importantes pruebas en las causas y circunstancias que llevaron a las muertes de la princesa de Gales, Mr Dodi Al Fayed y Mr Henri Paul en París, en agosto de 1997.

b) Estas informaciones fueron empleadas por el MI6 entre septiembre de 1991 y abril de 1995. Durante ese tiempo, vi varios documentos que creo proporcionarían nuevas pruebas y nuevas conclusiones en la investigación de estas muertes. También he oído varios rumores que, aunque no he podido confirmar con los documentos de apoyo, estoy seguro que están basados en hechos sólidos.

c) En 1992, yo estaba trabajando en el Controllerate Europeo Oriental del MI6 y me encontraba periféricamente envuelto en un trabajo importante y complicado sobre el contrabando de armamento soviético. Había comenzado a ser un problema serio desde que empezó la desintegración y desorganización de la

Unión Soviética. Durante 1992, me pasé varios días leyendo los archivos sustanciales de este asunto, que contenían una gran miscelánea de notas de contactos, telegramas, informes de otros servicios de inteligencia, fotografías, etc., del cual era posible construir un sumario muy detallado.

En más de una ocasión, las reuniones entre las diferentes personas tuvieron lugar en el Hotel Ritz de Vendome, París. Había en el archivo los informes de varios departamentos de inteligencia que habían sido escritos por uno de los funcionarios del MI6, solamente identificado con un nombre codificado. La fuente de la información era un empleado del Hotel Ritz, que de nuevo sólo fue identificado en los archivos por un número codificado. El funcionario del MI6 pagó al informador en dinero en efectivo por sus datos y eso motivó mi curiosidad para saber más sobre la identidad de este informador particular.

Pedí el archivo personal de este informador a las oficinas centrales del MI6 y cuando leí este nuevo archivo, quedé sorprendido al saber que era guardia de seguridad del Hotel Ritz. Los servicios de inteligencia siempre han empleado a estos funcionarios de seguridad de hoteles de categoría, porque suelen tener acceso a datos importantes. Recuerdo, sin embargo, que me quedé ligeramente sorprendido al saber que la nacionalidad de este informador era francesa, pues el MI6 no suele tener éxito reclutando a un denunciante francés. Creo recordar que el nombre de esta persona era Henri Paul, y aunque yo no me encontré de nuevo con Henri Paul durante mi tiempo en el MI6, estoy seguro de que la relación entre él y el MI6 continuó hasta su muerte, pues se trataba de un informador muy valioso.

Ahora estoy seguro de que el archivo personal de Henri Paul contiene notas de reuniones entre él y el MI6 y que estos archivos contendrán datos de suma importancia sobre las circunstancias y causas de la muerte de Paul, junto con la princesa de Gales y Dodi Al Fayed.

d) La mayoría de los funcionarios del MI6 normalmente controlaría a un informador de la utilidad de M. Paul, pero después de unos días declararon al servicio de inteligencia local (en este caso el Consejo de administración de Vigilancia Territorial, o DST) que no querían controlar a semejante informador. En París, en el momento de la muerte de M. Paul, había dos funcionarios relativamente experimentados que estoy seguro vigilaban a Paul. El primero era Mr Nicholas John Andrew Langman, nacido en 1960, y el segundo era Mr Richard David Spearman, también nacido en 1960. Creo firmemente que cualquiera de los dos, o ambos, sabían bien los movimientos de M. Paul, y probablemente también se reunieron con él brevemente antes de su muerte. Por eso estoy seguro de que cualquiera de ellos tenía conocimientos importantes y cruciales para establecer los acontecimientos y las causas de las muertes de M. Paul, Dodi Al Fayed y la princesa de Gales.

Mr Spearman estaba en particular bien conectado, pues era un funcionario influyente, porque había sido, antes de su cita en París, secretario personal del jefe del MI6, Mr David Spedding. Como tal, tenía acceso privado a datos confidenciales sobre el funcionamiento del MI6. Un dato de suma importancia es el hecho de que Mr Spearman envió un correo inmediatamente a París un mes antes de las muertes.

e) Después de 1992, cuando la guerra civil en la antigua Yugoslavia se hizo más intensa, empecé a trabajar principalmente en Serbia. Durante este tiempo, me enteré de que el doctor Nicholas Bernard Frank Fishwick, nacido en 1958, era funcionario del MI6 y estaba al cargo de la planificación de los agentes balcánicos. Durante uno de mis encuentros con el doctor Fishwick, me mostró por error un documento de tres páginas sobre un plan para asesinar al líder serbio Slobodan Milosevic. El plan estaba escrito minuciosamente, y atado a una «tabla diminuta» amarilla que indicaba que éste era un documento formal y oficial. Este plan contenía también la justificación política para el asesinato de Milosevic, seguido por tres propuestas diferentes sobre cómo lograr este objetivo.

Días después, y mediante ciertos medios no habituales que no puedo desvelar (ahora sabemos que empleó la bola de cristal), llegué a la conclusión de que al menos una tercera parte de estos escritos contenían información que podría ser útil para establecer las causas de la muerte de Henri Paul, la princesa de Gales y Dodi Al Fayed. En estos informes se sugería que Milosevic podría ser asesinado causando un accidente aparentemente fortuito a su limousine particular. El doctor Fishwick propuso ocasionar el accidente en un túnel, porque la proximidad del hormigón aseguraría que el impacto sería lo suficientemente fuerte para provocar la muerte o al menos una lesión irreversible. El mismo túnel, además, impediría que pudiesen acudir rápidamente los servicios médicos.

En este informe se especificaba que para ocasionar el despiste o la desorientación del chófer se usaría una intensa luz estroboscópica, un dispositivo que emplean de cuando en cuando las fuerzas especiales y también los funcionarios del MI6.

MISTERIOS SIN RESOLVER

La siguiente es una pequeña relación de algunos misterios en cuya resolución han trabajado durante años adivinos y expertos en el manejo de la bola de cristal.

¿Era el primer «Bigfoot» una broma?

En el año 1958 la televisión estaba en auge, lo mismo que el cine, y en ellos podíamos ver historias tenebrosas sobre el Abominable Hombre de las Nieves del Himalaya y, por supuesto, del Hombre Lobo. Incluso hubo historias de hombres lobos adolescentes que hacían reír en lugar de dar miedo. No obstante, todas estas películas estaban basadas siempre en «hechos reales», aunque exagerados y faltos de rigor científico.

¿Los orígenes del Yeti proceden siempre de Siberia?

Esta hipótesis de los orígenes norteños quedó olvidada pronto por inexacta, no porque contradijera tendencias científicas generales o ideas, sino porque la confirmación nunca pudo realizarse. El concepto de Hombre del Himalaya se olvidó y se empezó a trabajar con otras hipótesis y lugares, especialmente en zonas de Asia del Norte y Central, que suponemos eran la patria original de la Humanidad.

El gran misterio de las palomas

El presupuesto para los experimentos con las palomas supone apenas mil dólares, por lo que este tipo de investigación es barato y fascinante. En todo caso, aún hoy la forma por la cual las palomas consiguen llegar a su destino o atender las órdenes para que acudan a un lugar determinado, sigue siendo un misterio real, aunque muchas personas dirán lo contrario. Cualquiera que realmente haya revisado los trabajos de campo y la literatura sobre las habilidades legendarias de las palomas mensajeras, sabrá que es un misterio sin resolver. El sistema de teleguía de las palomas, así como el de perros y gatos, y la migración de peces, pájaros y otros animales nos hablan de facultades y sentidos corporales extraordinarios y desconocidos.

Visión remota

Existen relatos y hechos que nos hablan de emociones relacionadas con hechos ocurridos a cientos de kilómetros de distancia, casi siempre entre personas de la misma familia, aunque también son igualmente frecuentes aquellas que relacionan a dos personas desconocidas entre sí. En estos casos las palabras no trabajan, solamente los sentimientos, y gracias a ellos es posible ver acontecimientos lejanos y hasta ser testigos de hechos que están a punto de suceder. Esto es razonable que permanezca como una incógnita imposible de clarificar, pues los sentimientos, si pudieran expresarse con palabras, ya no serían tales. En estas personas clarividentes hay algo como «¡Sáquenme este infierno de aquí! ¡Déjenme solo!». Casi nunca se trata de personas felices, pues algo existe en su interior que les provoca enojo, un sentido de ultraje y de violación de la intimidad ajena que no desean que siga ocurriendo. Hay una insistencia en su mente que les dice que «la mano del hombre» no debe llegar a todos los rincones.

La ética de los animales

Si nosotros decidimos creer a los expertos nos dirán que los animales poseen su propia ética y moral, diferente según las razas y las especies, pues mientras unos cuidan a su prole, otros se la comen o la abandonan. Por ejemplo, los lobos raramente atacan a los humanos y cuando lo hacen es porque están suficientemente enloquecidos por el hambre. Su sentido de la territorialidad es enorme, en contraste con especies nómadas, como algunas aves.

Igualmente, las águilas no atacarán a un bebé humano, y no serían capaces de realizar una acción similar aunque necesitasen llevar alimento a sus crías; buscarán de nuevo un alimento que puedan llevarse según su propio código moral.

La motivación normalmente atribuida por los científicos que estudian el comportamiento animal está en franca concordancia con los narradores de cuentos, personas que desde hace cientos de años se dedicaron a observar a los animales y describir luego su comportamiento en historias infantiles. En realidad, las historias para niños casi nunca nos demuestran que una especie animal es dañina por naturaleza, pues aunque haya lobos que se comen a lindas caperucitas, también los hay que amamantan a bebés que luego darán origen a ciudades como Roma. Como excepción a esta regla, solamente hay una especie que es motivo de terror y repulsa en todas las historias: la serpiente, y esa fama se inicia en el libro más antiguo escrito por el hombre, el Génesis.

El problema es que han sido también los narradores de cuentos y las leyendas quienes han proyectado los miedos colectivos de la sociedad hacia un determinado animal. Sin embargo, ningún observador o científico puede explicar el proceso por el cual un animal es capaz de sacrificarse o cuidar con esmero a un ser humano.

La creación de los mitos y leyendas

Hay muy pocos eventos de importancia histórica que no se han elaborado tomando como base de partida el folclore y las leyendas populares. En el reino del folclore y los mitos, es decir, en el reino de la realidad psíquica, se establece una pequeña diferencia entre el acontecimiento de algo que ocurrió y lo que se está contando. No hay, como algunos científicos quieren inútilmente demostrar, una gran diferencia entre las leyendas y la realidad física, puesto que la mente es capaz de dar categoría a algo que realmente ocurrió. Un acontecimiento es la suma de un hecho físico con las emociones que produjo en las personas involucradas. Por ello, no se puede separar una cosa de la otra, puesto que el ser humano es el conjunto del cuerpo, la mente y el espíritu.

A la magnitud de un evento desconocido y que tiene un componente inexplicado, debemos añadir el vacío psicológico que se crea a su alrededor a causa de la imaginación de la psique humana. Por algún motivo, los científicos tratan de menospreciar la mente y valorar los hechos solamente en su aspecto físico, olvidando, reiteradamente, lo que es un ser humano completo.

Esta mitogénesis no logra tampoco, sin embargo, aportar datos fiables a la visión exótica del huidizo Bigfoot o los platillos volantes, pero al menos no nos aportan la desesperanza de considerar estos hechos como ficticios.

La vidente de Guatemala

Una mujer, experta en el manejo de la bola de cristal, aseguró haber visto el cuerpo de un niño desaparecido en un lugar cercano a su domicilio en diciembre de 1993. Ella aseguró a la policía que el cuerpo de un niño estaba al lado de un camino con su pecho abierto y su corazón y otros órganos extraídos. Estos hechos, desdichadamente, fueron corroborados pocos minutos después.

Soñar con extraterrestres

Los científicos, en su intento de explicar lo inexplicable y no reconocer sus propias limitaciones, han elaborado esta conclusión relativa a los raptos por alienígenas: «Si el suministro de oxígeno se restringe más allá de lo prudente, el placer sexual en el cerebro se estimula. Este fenómeno se conoce como asfixia erótica y es similar al que sienten los ahorcados unos segundos antes de morir. También es la razón por la cual el síndrome del rapto por alienígenas está repleto con imágenes de violación por parte de seres extraños, de sondas y manipulaciones en los órganos sexuales, siempre con las víctimas desnudas. Frecuentemente, aseguran, esta clase de excitación sexual aparece en la fase del sueño REM y, en el varón, normalmente el resultado es la erección del pene.»

ÍNDICE

	Página
Introducción	5
Profecías	7
El espejo mágico	9
La bola de cristal	17
Los preparativos y ceremoniales	25
Purificación	31
Conjuro	35
Magnetización	41
Poder	47
Cualidades imprescindibles	53
Los cinco elementos	57
Figuras y símbolos	109
El dowsing (zahorí)	147
Péndulos	153
Viaje astral	163
Las brujas y la bola de cristal	171

APlacar-
Escribir en un papelito su apellido dos veces. lo doblas y lo pones en tu zapato derecho. cuando lo tengas frente a ti di
San Ramon, San Ramon Ponle un tapon,-

aplacar se repite esta oracion 3 veces-)
Con 2 te miro, con 3 te ato. la sangre te bebo y el corazon te parto, Cristo Valedme. y dame paz.